아디야샨티의
# 참된 명상

# 아디야샨티의

# 참 된  명 상

아디야샨티 지음
심성일 옮김

침묵의 향기

❖

# 편집자 서문

우리의 삶은 하나하나의 영적 실험실과 같아서, 그 안에서 우리는 마주치는 가르침들을 자기 경험의 불꽃 속에서 시험한다. 결국 중요한 것은, 다른 사람들이 우리에게 말해 주는 진실들이나 우리가 모방할 수 있는 수행법들이 아니라, 우리 자신의 직접적인 탐구를 통한 영적인 발견들이다.

아디야샨티(Adyashanti, '근본적인 평화'라는 뜻의 이름)와 처음 이야기를 나누었을 때, 나는 정말로 직접 진리를 발견한 영적 스승과 대화를 나누고 있다는 것을 알아차렸다. 그는 자신이 선(禪)의 전통에서 벗어나 깨어났다고 말한다. 그런데 1996년에 34살이던 그에게 가르침을 펼쳐 보라고 격려한 사람은 그의 오랜 선 스승이었던 아비스 저스티(Arvis Justi)였다. 나는 적지 않은 사람들이 아디야샨티를 통해 비약적인 통찰을 경험한다는 소식을 듣고서, 내 삶의 영적 실험실에 그의 조언을 추가하고 싶었다.

그래서 2004년 11월, 아디야샨티와 함께 하는 5일간의 수련회에 참가하였다. 수련회에서 아디야샨티는 몇 차례 강연을 했고, 강연이 끝난 뒤에는 참가자들이 마음 깊은 곳에 있는 질문들과 관심사들에 대해 그와 공개적으로 대화하는 기회를 가졌다. 또 우리는 매일 4~5시간 동안 고요히 앉아서 좌선을 했는데, 그 시간에는 아디야샨티가 '참된 명상(True Meditation)'이라고 부르는 것을 할 수 있었다. 이러한 좌선에 잘 적응하기 위해 우리가 받은 기본적인 지시 사항은 두 마디 말뿐이었다. "조작하지 마십시오."

20년 넘는 세월 동안 다양한 종류의 명상 수련회에 참가해 왔고 수십 가지 명상 기법과 접근법을 실험해 왔던 나 같은 사람에게는 조금 당혹스러운 지시 사항이었다. "조작하지 말라고? 그게 전부야?" 구부정하게 앉아 있어도 괜찮다는 것인가? 어디로 튈지 모르는 내 산만한 마음은 어떻게 해야 하지? 이것도 정말 명상이긴 한 것일까? 아니면 아디야샨티는 그저 우리가 멍하니 앉아 있어도 된다는 허락을 하고 있는 것일까?

도대체 '참된 명상'이란 무엇일까?

"조작하지 마십시오."라는 지시 사항 외에, 수련회 장소에는 우리가 읽으면서 숙고해 볼 수 있는 한 장짜리 인쇄물이 있었다. 나는 생각했다. "다행이군. 여기에 있는 다른 사람들은 아디야샨티와 그의 접근법에 익숙할지 모르지만, 나는 좀 더 많은 정보가 필요해." 어쩌면 그 인쇄물이 도움이 될지도 몰랐다. 거기엔 이렇게 적혀 있었다.

## 참된 명상

참된 명상은 방향도, 목표도, 방법도 없습니다. 모든 방법은 마음의 일정한 상태를 성취하는 것을 목적으로 삼고 있습니다. 모든 상태는 제한되고, 일시적이며, 조건에 따라 달라집니다. 마음 상태에 대한 집착은 오직 얽매이게 하고 의존하게 만들 뿐입니다. 참된 명상은 근원적인 의식으로서 머무르는 것입니다.

참된 명상은 알아차림(awareness)이 지각되는 대상들에 고착되지 않을 때 의식 속에 자연스럽게 나타납니다. 처음 명상을 하기 시작할 때, 당신은 알아차림이 항상 어떤 대상에, 즉 생각이나 신체적 감각, 감정, 소리 등과 같은 대상에 초점을 맞춘다는 것을 알아차립니다. 이것은 우리의 마음이 대상들에 초점을 맞추어 좁혀지도록 길들여져 있기 때문입니다. 그렇게 되면 마음은 자기가 알아차리는 것(대상)을 어쩔 수 없이 기계적이고 왜곡된 방식으로 해석하게 됩니다. 그리고 과거에 조건 지어진 대로 결론을 이끌어 내고 근거 없는 추측을 하기 시작합니다.

참된 명상에서는 모든 대상이 저마다 자연스럽게 기능하도록 허용합니다. 이 말은 어떠한 인식 대상도 인위적으로 조작하거나 억누르려고 하지 말아야 한다는 뜻입니다. 참된 명상에서는 알아차림으로 있는 데 중점을 둡니다. 즉, 대상들을 알아차리는 것이 아니라, 근원적인 알아차림 그 자체로서 편안히 쉬는 데 중점을 두는 것입니다. 근원적인 알아차림(의식)은 모든 대상이 그 안에서 일어나고 가라앉는 근원입니다. 당신이 부드럽게 이완되어 알아차림으로 존재하며 귀를 기울일 때, 대상들에 초점을 맞추어 좁아지는 마음의 버릇은 서서히 사라질 것입니다. 존재의 고요함은 더욱 분명하게 의식되어 편히 쉬며 머무를 수 있게 할 것입니다. 어떠한 목적이나 기대가 없는, 열린 수용의 자세는 침묵과 고요함의 현존이 당신의 자연스러운 상태로서 드러나게 할 것입니다.

침묵과 고요함은 어떤 상태가 아니며, 따라서 만들거나 지어낼 수 있는 것이 아닙니다. 고요함은 그 안에서 모든 상태가 일어나고 가라앉는 비(非)상태입니다. 침묵, 고요함, 알아차림은 어떤 상태가 아니며, 결코 대상으로서 전체적으로 지각될 수가 없습니다. 고요함은 그 자체로 모양이나 특성이 없는 영원한 목격자입니다. 당신이 목격자로서 더욱 깊이 휴식할 때, 모든 대상은 저마다 자연스럽게 기능하게 됩니다. 그리고 알아차림은 마음의 좁아지는 버릇과 동일시를 벗어나서 자기의 자연스러운 비(非)상태인 현존(Presence)으로 돌아가게 됩니다.

그럴 때 "나는 누구인가?"라는 간단하지만 심오한 질문은 자기 자신이 에고-인격의 끝없는 독재가 아니라, 대상이 없는 존재의 자유이며—모든 상태와 대상이 (당신 자신인, 불생불멸하는 참나의 현현으로서) 그 안에서 오고 가는—근원적인 의식이라는 것을 드러낼 수 있습니다.

이 인쇄물을 접어서 바지 주머니에 넣은 뒤, 나는 나에게 익숙한 기법들로 명상하는 것과, 편안히 이완하고, 소리에 귀를 기울이며, 아무 조작 없이 가만히 있는 것을 번갈아 실천하며 5일간의 수련회를 보냈다. 그러나 수련회의 막바지에 이르러 나는 내가 해답들보다 훨씬 많은 의문을 가지고 있음을 인정해야만 했다. 즉, 명상에서 기법은 어떤 역할을 하는가? 이러한 접근법은 모든 수준의 명상 수행자들에게 효과가 있는가, 아니면 이미 오랫동안 수련을 하여 마음을 고요히 할 수 있게 된 숙련된 수행자들에게만 효과가 있는가? 명상을 하는 동안 종종 일어날 수 있는 육체적, 감정적 고통은 어떻게 해야 하며, 자세는 어떻게 해야 하는가?

이런 의문들을 품은 채로 나는 아디야샨티에게, 우리 출판사(Sounds True)와 함께 '참된 명상'에 관한 지도 프로그램을 만들어 볼 의향이 있는지 물어보았다. 그는 동의했고, 이 책이 그 결과물이다. 나는 아디야샨티에게 질문들의 목록을 건넸고, 그는 '참된 명상'이라는 주제에 관한 두 개의 법문으로 응답했는데, 첫 번째는 '모든 것을 있는 그대로 내버려두기'에 관한 법문이고, 두 번째는 '명상적 자기탐구'에 관한 법문이다.

아디야샨티에 의하면, 영적인 발견은 자기 스스로 증명해야 하는 것이다. 가장 중요한 것은 다른 사람들의 인증(認證)이 아니라, 여러분 자신이 직접 스스로 깨닫는 것이다. 참된 명상에 관한 이 책이 여러분 자신의 진정한 발견의 과정을 더욱 멀리 이끌어 가서 모든 존재를 이롭게 하기를 바란다.

타미 사이먼
사운즈 트루(Sounds True) 발행인
콜로라도 보울더

차례

편집자 서문   ..5

1부
모든 것을 있는 그대로 내버려두기

마음과의 전쟁을 끝내기   ..17
아무것도 모른다는 마음으로   ..21
통제와 조작을 포기하기   ..24
명상하는 자를 넘어서기   ..30
명상 기법은 어떤 가치가 있는가?   ..32
참된 명상은 자연스러운 상태에서 편히 쉬는 것으로 시작된다   ..36
믿음으로 놓아 버린다   ..40
자세와 눈은 어떻게 하는 것이 좋은가?   ..45
노력 없는 노력   ..49
우리는 본래 깨어나게 되어 있다   ..51
내면의 모든 것이 스스로 드러나게 하라   ..53
두려움이 출구다   ..57
생각에서 빠져나와 감각으로 들어가라   ..59
알아차림은 역동적이다   ..61
명상하듯이 살아라   ..64

2부

명상적 자기탐구

나는 어떻게 명상적 자기탐구를 발견했는가?   ..73
어떤 것이 영적으로 강력한 질문인가?   ..79
나는 무엇 또는 누구인가?   ..82
뺄셈의 길   ..85
누가 알아차리는가?   ..91
초월적 인식   ..95
자연스러운 조화   ..98
무한한 포용   ..101
당신에게 변함없이 남아 있는 것을 알아차려라   ..106
불가사의 속으로   ..110
진정한 영적 여정의 시작   ..112


아디야샨티와의 인터뷰   ..115
아디야샨티에 대하여   ..142
역자 후기   ..144

# 1부
# 모든 것을 있는
# 그대로 내버려두기

명상이란 무엇인가? 왜 명상을 하는가?
명상을 하면 어떤 결과로 이어질 것인가?
우리는 명상에 관한 이 모든 개념을 살펴볼 것이다.
그리고 내가 '참된 명상'이라고 부르는 것을 자세히
알아보려고 한다. 설명을 듣다 보면 여러분은
그것이 흔히 듣던 종류의 명상과는 꽤 다르며
독특하다는 것을 알아차릴 것이다.
하지만 먼저 나의 경험을 짧게 얘기해 보자.

# 마음과의 전쟁을 끝내기

나는 선불교 전통 출신인데, 선(禪) 전통에는 명상을 기본적인 수행으로 하는 오랜 역사가 있다. 선에서는 하루에 몇 시간씩 미리 정해진 시간 동안 좌선하는 자세로 명상을 한다. 이런 명상을 오랫동안 하면서 알게 된 점은 내가 이런 명상을 잘하지 못한다는 것이었다. 많은 사람들 역시 처음 명상을 시작할 때는 명상이 어렵다고 느낄 것이다. 마음은 분주하고, 몸은 들썩거리고 싶어 하며, 차분하고 고요해지기가 힘들다. 그래서 나는 처음 시작할 때부터 명상을 하는 것이 무척 어렵다고 느꼈다. 내가 지켜본 바로는, 나만이 아니라 많은 사람들도 역시 그렇게 느낀다.

나는 여러 수련회에 참석하여 좌선을 했고 집에서도 좌선을 했다. 집에서는 하루에 30분이나 한 시간, 때로는 더 오래 좌선을 했다. 수련회에 가서는 훨씬 더 오랫동안 앉아 있었다. 하지만 내가 한 명상은 실제로는 전혀 명상이 아닐 때가 아주 많았다. 그것은 마음을 가라앉히고, 생각을 통제하고, 고요해 지기 위해 벌이는 수없는 투쟁과 노력이었다. 명상이 저절로 이루어진 듯한 몇 번의 마법 같은 순간을 제외하면, 그 모든 노력은 그다지 효과가 없었다. 나는 애초부터 이런 식의 명상(마음을 통제하여 명상 상태에 들어가는 것)에는 소질이 없었다. 그래서 몇 년이 지난 뒤에는 내게 다른 명상법이 필요하다는 것을 깨달았다. 내가 쓰고 있던 방법은 분명히 효과가 없었다. 이때부터 나는 스스로 '참된 명상'이라 부르는 것을 탐구하기 시작했다.

어느 날 나는 스승과 이야기를 나누고 있었는데, 그녀가 말했다. "마음과 전쟁을 벌이면서 이기려고 애쓰면 영원히 전쟁 상태에 있게 될 겁니다." 그 말은 내게 굉장한 충격을 주었다. 그 순간, 이제까지 내가 명상을 마음과 싸우는 것으로 보고 있었다는 사실을 깨달았다. 나는 마음을 통제하고, 마음을 진정시키고, 마음을 고요하게 하기 위해 애쓰고 있었던 것이다. 그때 이런 생각이 들었다. "맙소사, 영원히 그런 상태에 있을 거라니, 끔찍하군. 명상을 완전히 다른 관점으로 보아야겠어."
이런 식의 명상을 아무리 계속해 봐도 마음과의 전쟁이 한없이 계속될 수밖에 없다면, 마음과 전쟁하지 않는 다른 방법을 찾을 필요가 있었다. 의식하지도 못한 채 나는 내 마음, 내 느낌과 전쟁을 벌이지 않고, 내가 인간으로 겪는 모든 경험과도 전쟁을 벌이지 않는 명상이 무엇일지, 조용히 그리고 아주 깊이, 탐구하기 시작했다.

나는 다른 방식으로 명상하기 시작했다. 명상이란 어떠해야 한다는 견해도 놓아 버렸다. 내 마음은 명상에 대해 수많은 견해를 가지고 있었다. 명상은 평화로워야 한다고 믿었고, 명상을 하면 어떤 기분을 느껴야 한다고, 주로 평온함을 느껴야 한다고 믿었다. 명상을 하면 존재의 어떤 깊은 상태로 들어가야 한다고 믿었다. 그러나 나는 지도받고 있던 명상의 기법에 통달할 수 없었으므로 다른 명상법을 발견해야만 했고, 그것은 어느 하나의 기법에 매이지 않아야 했다. 그래서 나는 자리에 앉아, 나의 경험이 그저 존재하도록 내버려두었으며, 내면 깊이 그렇게 했다. 경험을 통제하려는 노력도 놓아 버리기 시작했다. 그렇게 나는 '참된 명상'이 무엇인지를 스스로 발견하기 시작했다. 그때부터 그 전환—어떤 기법이나 수행에 통달

하려는 노력으로부터, 기법과 수행을 실제로 놓아 버림으로의
전환—이 내게 명상에 참여하는 법을 알려 주기 시작했다.

# 아무것도 모른다는 마음으로

명상에 관한 우리의 견해들은 대개 과거에 학습한 것들로 물들어 있다. 명상에 관해 배운 것들, 명상이란 어떤 것이라는 생각, 명상을 하면 어떻게 되어야 한다는 생각 등으로 물들어 있는 것이다. 명상이 도움을 줄 수 있는 분야는 수없이 많다. 어떤 사람들은 더 나은 신체적, 정서적 건강을 위해서, 또는 몸을 진정시키고 마음을 고요하게 하기 위해서 명상을 한다. 어떤 사람들은 흔히 차크라(chakra)라고 하는, 몸 안의 미묘한 에너지 통로들을 열기 위해 명상을 한다. 어떤 사람들은 사랑과 자비심을 계발하기 위해 명상을 한다. 어떤 사람들은 변형된 의식 상태에 도달하기 위해 명상을 한다. 또 다른 사람들은 그들이 싯디(siddhi)라고 부르는 어떤 영적 혹은 정신적 능력을 얻기 위해 명상을 한다.

그리고 영적인 깨어남과 깨달음에 도움이 되는 명상이 있다. 내게 정말로 흥미가 느껴지는 것은 이런 명상, 즉 영적인 깨어남과 깨달음에 도움이 되는 명상이다. '참된 명상'은 이런 명상이다.

어떤 사람이 명상을 처음 시작하는지, 아니면 오랫동안 명상을 해 왔는지는 중요하지 않다. 내가 지켜본 바로는, 명상 경력 자체는 아무 상관이 없다. 중요한 것은 명상에 참여하는 태도이다. 가장 중요한 것은 열린 태도로, 아무것도 모르는 아이 같은 태도로 명상에 다가가는 것이다. 이것은 문화나 대중매체, 다양한 영적 · 종교적 전통을 통해서 명상에 대해 들은 지식들로, 그런 과거의 것들로 물들지 않은 태도를 말한다. 우리는 새롭고 때 묻지 않은 방식으로 명상을 이해할 필요가 있다.

영적 교사로서 나는 기나긴 세월 동안 명상해 온 사람들을 수없이 많이 만났다. 이런 사람들에게 가장 흔히 들은 얘기 중 하나는, 그렇게 오랫동안 명상을 해 왔음에도 불구하고 본질적으로는 변한 게 없는 것 같다는 말이었다. 명상은 내면을 깊이 변화시키고 영적인 진실을 드러내지만, 많은 사람은 이것을 경험하지 못한다. 심지어 오랜 세월 명상을 해 온 사람들도 마찬가지다. 한때 내가 행했던 명상을 비롯한 일부 명상 수행들이 이러한 변화의 상태에 이르지 못하는 데는 분명히 몇 가지 이유가 있다.

가장 큰 이유는 너무 단순해서 오히려 놓치기 쉬운데, 그것은 우리가 잘못된 태도로 명상에 접근한다는 것이다. 우리는 통제하고 조작하는 태도로 명상을 한다. 명상을 하다가 막다른 골목에 부닥쳤다고 느껴지는 이유는 바로 이 때문이다. 존재의 깨어난 상태, 존재의 깨달은 상태는 존재의 '자연스러운' 상태라고 할 수 있다. 그런데 어떻게 통제와 조작이 우리를 자연스러운 상태로 인도할 수 있겠는가?

# 통제와 조작을 포기하기

깨달음이란 결국 존재의 자연스러운 상태일 뿐이다. 복잡한 용어들을 모두 벗겨 내고 보면, 깨달음이란 그저 우리 존재의 자연스러운 상태로 돌아가는 것이다. 자연스러운 상태란 당연히 꾸며내지 않은 상태, 유지하기 위한 노력이나 훈련이 필요 없는 상태, 몸이나 마음을 어떤 식으로 조작한다 해도 더 나아질 것이 없는 존재 상태를 뜻한다. 다시 말해, 완전히 자연스럽고 완전히 자발적인 상태이다.

명상을 하다가 자주 막다른 골목에 부닥치는 이유 가운데 하나는 바로 여기에 있다. 자세히 살펴보면, 많은 명상 기법들은 일종의 통제를 위한 수단이다. 마음이 우리의 경험을 통제하고 좌우하는 한, 마음은 우리를 자연스러운 상태로 데려가지 않을 것이다. 자연스러운 상태란 마음에게 통제당하지 않는 상태이다. 마음은 통제와 조작을 통해 다양한 의식 상태를 유발할 수 있다. 당신은 마음을 고요하게 하는 법을 배울 수도 있고, 심령 능력을 갖게 될 수도 있는 것이다. 당신은 기본적으로 기법 위주이거나 조작 위주인 명상법을 통해 많은 것을 성취할 수 있다. 하지만 그렇게 해서는 자신의 자연스럽고 자발적인 존재 방식은 결코 만날 수 없다.

이것은 더할 나위 없이 명백한 사실이다. 내면의 통제와 조작을 통해서는 자연스러우면서도 자발적인 존재 방식에 결코 이르지 못하는 것이다. 그런데도 어찌된 일인지 우리는 이러한 진실을 알아차리지 못한다. 나도 오랫동안 알아차리지 못했다. 우리가 사용하는 기법이 깊은 영향을 끼칠 수는 있겠지만, 반드시 명상의 방식이나 기법에 잘못이 있는 것은 아니다. 문제는 명상에 참여하는 태도에 있다.

만약 우리가 통제하고 조작하려는 태도를 취한다면, 또 어떤 수련법에 통달하려는 접근법을 취한다면, 그런 태도가 바로 장애가 된다. 그럴 때 명상을 하는 것은 실제로는 마음(mind) 즉 에고이다. 그런데 우리가 깨달음이나 영적인 깨어남에 대해 얘기할 때, 당연히 우리는 '마음으로부터의' 깨어남,

'에고로부터의' 깨어남에 대해 이야기하고 있다. 내가 '참된 명상' 이라고 부르는 명상에서는 통제하고 조작하고 수행하려는 마음의 성향을 맨 처음부터 포기한다. 통제와 조작을 놓아버리는 것이 '참된 명상' 의 기반이다. 재미있게도, 통제를 포기하고 조작을 포기하는 더없이 단순한 태도가 바로 참된 명상의 시작이다.

많은 사람들은 명상을 하기 위해 앉으면 제일 먼저 "좋아, 어떻게 해야 마음을 통제하지?" 하고 생각한다. 그런데 그것이 바로 내가 조작이라 부르는 것이다. 조작이라는 단어는 어감이 센 단어이지만, 나는 여러분의 주의를 환기시키기 위해 일부러 이 단어를 사용하고 있다. 우리가 명상을 하기 위해 앉아서 "좋아, 어떻게 내 마음을 통제할까? 어떻게 하면 평화로워질까? 어떻게 하면 고요해질까?"라고 스스로 물을 때, 마음이 실제로 하고 있는 일은 "어떻게 하면 스스로를 통제해서 기분이 좋아질까?"라고 묻는 것이다. 이런 사실에 주목하도록 그 단어를 사용하고 있는 것이다.

당신은 통제하는 기법을 이용하여 마음을 통제하고 몸과 마음을 진정시키는 법을 배울 수 있다. 그리고 잠시 동안 기분이 좋을 수 있다. 하지만 우리가 어떤 평화롭거나 평온한 상태를 얻기 위해 마음을 통제한다면, 그것은 누군가를 조용하게 만들기 위해 테이프로 그의 입을 틀어막는 것과 같다. 그렇게 해서 그 사람을 조용하게 만든다 해도, 그것은 매우 조작적인 방법을 통한 것이다.

테이프로 그 사람의 입을 막아 조용하게 만든다고 해서 무슨 유익이 있겠는가? 입에서 테이프를 떼어 내자마자 그들은 할 말이 있을 것이다. 그렇잖은가? 그들은 할 말이 굉장히 많을 것이다! 명상을 해 본 사람이라면 명상 상태에 들어가서 몸과 마음을 어느 정도 통제해 본 경험이 있을 것이다. 그럴 때는 기분이 아주아주 좋다. 그 경험은 심오한 느낌을 줄 수도 있다. 하지만 그 뒤 명상을 멈추자마자, 방석이나 의자에서 일어나자마자, 마음은 다시 떠들어대기 시작한다.

우리는 통제를 통해 일종의 명상적인 고요함을 경험하지만, 우리가 통제를 포기하자마자 마음은 고요함에서 벗어나 다시 작동하기 시작한다. 모든 것이 이전의 방식 그대로 되돌아가는 것이다. 대부분의 명상 수행자들은 이런 딜레마에 너무나 익숙하다. 우리가 명상을 하고 있을 때는 어떤 평화로운 상태를 얻을 수도 있지만, 명상을 멈추면 평화는 다시 한 번 우리에게서 자취를 감춘다.

참된 명상이란 어떠한 기법에 숙달하는 것이 아니라, 통제를 포기하는 것이다. 이것이 바로 진정한 명상이다. 다른 모든 것은 실제로는 일종의 정신 집중이다. 명상과 정신 집중은 별개의 것이다. 정신 집중은 훈련이다. 정신 집중은 사실 우리의 경험을 감독하거나 이끌거나 통제하는 하나의 방식이다. 명상은 통제를 포기하는 것이며, 우리의 경험을 어떤 식으로든 특정한 방향으로 이끌려는 의도를 포기하는 것이다.

　통제를 포기하는 것은 인간에게 실로 엄청난 일이다. "그저 통제하는 것을 포기하세요."라고 말하는 것은 쉽다. 하지만 대다수 사람들의 경우, 우리의 전체 심리 구조, 우리의 전체 심리적 자아, 우리의 에고는 거의 전부가 통제로 이루어져 있다. 따라서 마음 즉 에고에게 통제를 포기하라고 요구하는 것은 혁명적인 발상이다.

　통제를 포기할 때는, 단 한 순간만 포기하더라도 어떤 감추어져 있던 두려움과 망설임이 일어난다. 마음은 말한다. "통제를 포기했는데, 아무 일도 일어나지 않으면 어쩌지? 모든 것을 있는 그대로 내버려두고 명상하기 위해 앉았는데, 아무 일도 일어나지 않으면 어떻게 하지?" 우리가 어떤 기법이나 훈련에 집착하는 이유는 대개 이런 이유 때문이다. 왜냐하면 마음은 통제를 포기하면 아무 일도 일어나지 않을까 봐 두려워하기 때문이다.

'참된 명상'에서 내가 제안하는 바는 직접 실제로 보라는 것이며, 하나의 탐구 방법으로서 명상을 바라보라는 것이다. 참된 명상은 사실 새로운 기법이 아니다. 그것은 통제를 포기하고 모든 것을 있는 그대로 내버려두기 시작할 때 어떤 일이 일어나는지를—자기의 몸에서, 자기의 마음에서, 자기의 권위에 근거하여, 자기의 경험에 근거하여—스스로 탐구하는 하나의 방법이다. 당신이 경험하는 것을 달리 변화시키려는 노력 없이 정확히 있는 그대로 내버려둘 때 어떤 일이 일어날까? 참된 명상은 기법이 아니며, 실제로는 하나의 탐구 수단이다. 우리가 통제와 조작을 실제로 포기할 때 무슨 일이 일어나겠는가?

# 명상하는 자를 넘어서기

참된 명상의 두 번째 측면은 명상적인 자기탐구이다. 명상적인 자기탐구란 명상 상태에 있는 마음에 질문을, 강력하고 중요한 영적 질문을 제기하는 수행이다. 이때 우리는 그냥 아무 낡은 질문이나 하는 것이 아니라, 정말로 가치 있는 질문들, 조건화의 단층들을 꿰뚫고 우리의 근원적인 본성에 도달할 수 있는 힘을 가진 질문들을 한다. 우리가 물을 수 있는 가장 강력한 질문은 그저 "나는 무엇인가? 명상하는 자는 누구인가?"라고 묻는 것이다. 이 질문은 경험을 통제하려 애쓰는 에고를 계속해서 약화시킨다. 이 질문은 "누가 경험을 통제하고 있는가? 누가 명상을 하고 있는가?"라고 묻고 있다.

명상을 하는 가장 근본적인 이유 가운데 하나는 명상하는 자를 넘어서는 것, 즉 에고 또는 마음을 초월하는 것이다. 명상하는 자가 통제하고 있는 한, 마음 또는 에고를 넘어설 수 있는 가능성은 거의 없다. 이 때문에 참된 명상에서는 명상하는 자를 포기하는 수행을 한다. 이 명상에서는 맨 처음부터 통제를 포기하고 모든 것을 있는 그대로 내버려두도록 권유한다. 이러한 수행은 명상하는 자를 해방시켜 준다. 만일 명상하는 자가 무언가를 한다면, 그것은 그저 통제를 포기하는 것이며, 무언가를 변화시키려는 노력을 포기하는 것이다.

내가 '명상하는 자'에 대해 말할 때, 명상하는 자란 통제하고 있는 자임을 깨닫는 것이 중요하다. 명상하는 자는 애쓰는 자이며, 조작하는 자, 열심히 노력하는 자이다. 거의 모든 형태의 명상에서 명상하는 자는 매우 분주하게 뭔가를 한다. 마음은 끊임없이 무언가 할 일을, 무언가 숙달해야 할 일을 마련한다. 그리고 마음은 무언가 할 일이 있는 것을 좋아한다! 마음은 무언가 숙달해야 하는 일이 있는 것을 좋아한다. 그래야만 마음이 계속 통제할 수 있기 때문이다.

그러나 영적인 깨어남─우리의 진정한 본성으로의 깨어남─이라는 측면에 상응하는 형태의 명상을 위해서는 명상하는 자, 통제하는 자, 조작하는 자를 넘어서야만 한다.

# 명상 기법은 어떤 가치가 있는가?

나를 비롯해 많은 사람들이 경험한 다양한 전통들은 명상을 하나의 기법으로서 가르친다. 우리는 호흡에 집중하거나 신체의 여러 부위에 집중하는 것과 같은 갖가지 통제 방법을 배운다. 선(禪)의 전통에서는 흔히 배꼽 바로 아랫부분에 집중한다. 대개 우리는 등을 곧게 펴고 특정한 자세로 앉아서, 특정한 방식으로 숨 쉬는 법을 배운다.

이러한 기법과 훈련들은 수백, 수천 년 동안 전해 내려왔으며, 나는 그것들이 아무런 가치나 장점도 가지고 있지 않다고 말하는 것이 아니다. 그것들은 나름의 가치와 장점을 가지고 있다. 그렇지만 이러한 기법들을 포기하기 시작할 때, 이런 집중을 포기하기 시작할 때, 우리는 비로소 우리 존재의 자연스러운 상태에 다가갈 수 있다. 이러한 수행 기법들은 우리 의식의 자연스러운 상태를 보지 못하게 가릴 때가 많기 때문이다.

수련회를 시작할 때면 나는 말하기를, 참석자들이 저마다 다른 명상 기법이나 집중하는 방법을 가지고 있다는 것을 알고 있다고 얘기한다. 어떤 사람들은 호흡에 주의를 기울인다. 어떤 사람들은 만트라를 암송한다. 어떤 사람들은 깊은 호흡을 한다. 어떤 사람들은 시각화 훈련을 한다. 나는 참여한 사람들에게 명상 수업 처음에는 이러한 기법들을 수행해도 괜찮다고 말한다. 이러한 수행 기법들은 마음을 현재로 데려오는 데 아주 적합한 방법들이다. 그런 기법들은 정신적 에너지와 활동적인 마음의 원천들을 끌어 모아서 바로 지금, 바로 여기에 가득 차게 한다.

그렇지만 나는 또한 명상을 하는 동안 어느 특정한 기간에는 우리가 사용하는 모든 명상 기법을 놓아 버리는 시간도 함께 갖자고 제안한다. 만약 내가 호흡에 주의를 기울이고 있다면, 호흡에 기울이는 주의를 포기했을 때는 무슨 일이 일어나는지를 시험해 보는 것이다. 마음을 관찰하는 것을 포기하면 무슨 일이 일어날까? 또는 만트라 암송을 포기하면? 이러한 수행들은 우리의 관심을 지금 이 순간으로 모으는 데 도움이 될 수 있고, 이것이 그런 기법들의 가장 중요한 가치이다. 그러나 일단 우리의 관심이 현재에 있게 되면, 그 다음에는 이러한 기법들을 놓아 버리고 우리 존재의 자연스러운 상태를 탐구해 보도록 권유하는 것이다.

내가 자주 목격한 사실은, 우리가 주의하지 않으면 이런 오래된 전통들과 기법들—그 가운데 많은 것은 나 자신이 배웠으며 훌륭한 가치를 지닌 것이지만—이 목표를 이루기 위한 '수단'이 아니라 목표 자체가 되어 버린다는 것이다. 그러면 사람들은 결국 훈련에 불과한 것만을 배울 뿐이다. 그들은 기나긴 세월 동안 계속 호흡만을 지켜보며, 결국 호흡을 지켜보는 데만 통달하게 된다. 그러나 영성(靈性)이란 결코 호흡을 지켜보는 것이 아니다. 영성이란 (모든 것이 따로 분리되어 있다는) 분리의 꿈에서 (모든 것이 하나라는) 하나임의 진실로 깨어나는 것이다. 영성이란 그런 것이지만, 우리가 기법에 지나치게 집착하면 이러한 사실을 잊어버릴 수 있다.

그러므로 우리는 명상 수업을 처음 시작할 때는 호흡을 잠시 지켜보거나, 기도를 하거나, 만트라를 암송하거나, 시각화를 사용하는 등 기법을 잠시 이용할 수 있다. 하지만 내가 항상 제안하는 점은, '모든 것을 있는 그대로 내버려두면 과연 무슨 일이 일어날까' 하는 호기심으로 가급적 빨리 옮겨가야 한다는 것이다. 바로 이 지점에서 우리는 마음에 대한 통제로부터 참된 명상으로 옮겨가기 시작한다. 그것은 혁명적인 전환이다. 내가 만난 많은 사람들은 그 전환을 잊어버리고 있었고, 그러한 전환이 일어나도록 내버려두는 법을 잊어버리고 있었다. 그들은 통제를 포기할 수 있을 때, 포기해야 할 때, 그 전환의 시기가 더 빨리 온다는 것을 잊어버리고 있었다.

# 참된 명상은 자연스러운 상태에서
# 편히 쉬는 것으로 시작된다

참된 명상은 모든 것을 있는 그대로 놓아두는 데서 시작한다. 참된 명상은 자연스러운 상태를 향해 가는 것도 아니며, 자연스러운 상태를 만들기 위해 노력하는 것도 아니다. 우리는 사실 맨 처음부터 자연스러운 상태에서 시작한다. 내가 오래전에 명상하는 자, 통제하는 자를 포기하기 시작하면서, 가만히 앉아서 모든 것을 있는 그대로 허용하기 시작하면서 발견한 것은 바로 이 점이다. 그리고 내가 얻으려고 애썼던 평화와 고요는 이미 여기에 있다는 것을 곧 깨달았다. 내가 해야 했던 일은 그것들을 얻으려는 노력을 멈추는 것이 전부였다. 가만히 앉아서 나의 경험을 있는 그대로 허용하는 것이 전부였다.

대부분의 사람들이 그렇듯이 나도 앉아 있을 때 가끔 좋은 기분과 평화로움을 느꼈다. 다른 때에는 마음이 흔들리고 기분이 안 좋거나 불안하곤 했다. 때로는 슬펐고 때로는 행복했다. 앉아 있는 동안 인간의 다양한 감정들을 모두 느꼈다. 그러면서 내가 깨달았던 점은, 내 경험을 바꾸려 하지 않고 있는 그대로 허용할 때, 저변에 있는 존재의 자연스러운 상태가 떠오르면서 의식되기 시작한다는 것이었다. 오염되지 않은, 조작되지 않은 의식 상태가 아주 쉽고 아주 자연스럽게 떠오르기 시작했다. 나는 이것을 아주 '순수한' 의식 상태라고 불렀다. 왜냐하면 그것은 어떠한 노력이나 훈련으로 말미암은 것이 아니었기 때문이다.

나는 자연스러운 상태, 우리 존재의 자연스러운 상태는 (인간의 노력에 의해) 변형된 의식 상태가 아니라는 것을 알게 되었다. 수많은 사람들이 명상을 변형된 의식 상태와 연관 지어 생각한다. 그러나 이것은 명상의 잠재력에 대한 깊은 오해일 뿐이다. 내가 말하는 잠재력이란 영적인 깨어남, 즉 당신과 모든 것이 실제로 무엇인지를 아는 깨달음, 모든 것이 하나라는 깨달음으로의 깨어남이다. 우리는 모든 것이 하나임을 인식하고 자기 자신이 분리되어 있지 않음을 인식하면 변형된 의식 상태로 들어갈 것이라고 배웠거나 추측한다. 그러나 알고 보면 진실은 정반대이다. 모든 것이 하나임을 인식하는 것은 의식의 변형된 상태가 아니다. 그것은 오히려 의식의 변형되지 않은 상태, 의식의 자연스러운 상태이다. 그에 비하면 다른 모든 것이야말로 변형된 상태이다.

우리가 명상에 대해 생각할 때, 깨달음이란 우리가 어떻게 든 얻을 수 있는 의식의 변형된 상태라는 관념을 포기할 필요가 있다. 숙련된 명상가들은 사람들이 명상을 충분히 강하게 오래 할 경우 때로는 의식의 변형된 상태들 속으로 들어가게 된다는 것을 알고 있다. 의식의 변형된 상태들에는 온갖 종류의 것들이 있다. 행복감은 의식의 변형된 상태이다. 슬픔도 의식의 변형된 상태이다. 우울도 의식의 변형된 상태이다. 그리고 물론 온갖 신비적인 의식의 상태들도 있다. 우주와 합일되는 것도 의식의 변형된 상태이고, 의식이 거대하게 확장되는 것처럼 느껴지는 것도 의식의 변형된 상태이다. 의식의 변형된 상태들은 수없이 많고 다양하다.

대다수 사람들은 깨달음이 의식의 어떤 변형된 상태일 것이라고 생각한다. 이것은 순전한 오해이다. 깨달음은 의식의 자연스러운 상태, 의식의 순수한 상태이다. 그것은 생각의 움직

임에 의해 오염되지 않은, 마음의 조작이나 통제에 의해 오염
되지 않은 상태이다. 이것이 바로 진정한 깨달음의 정체이다.
조작을 통해서는 우리 본성의 이러한 진실과 만날 수가 없다.
바꾸려는 노력을 통해서는 내가 거짓 정체성, 에고 정체성이
라고 부르는 것을 넘어설 수가 없다. 자신이 맨 처음부터 자연
스러운 상태에서 쉬도록 놓아둘 때, 우리는 의식으로 하여금
생각이나 느낌과의 동일시, 몸과 마음, 개성과의 동일시에서
깨어나도록 허용할 수 있다.

# 믿음으로 놓아 버린다

영적인 깨어남은 어떤 지적인 이해를 통해 일어나는 것이 아니다. 말과 개념, 관념이나 신학 이론을 통해서 우리의 참된 본성에 도달할 수는 없다. 이러한 수단들 가운데 그 어느 것도 우리의 참된 본성을 드러내지는 못한다. 마음이 이해하려고 애쓸 때, 마음이 궁극의 실재를 지적인 이해로 파악하려 애쓸 때, 마음은 그저 통제하는 상태를 유지하려 노력하고 있을 뿐이다. 이 점을 깨닫는 것이 대단히 중요하다. 그것은 지적인 형태의 마음 통제일 뿐이므로 그것 역시 놓아 버려야 한다.

그렇다고 해서 마음이 영적인 깨어남에 아무런 역할도 하지 않는다고 말하는 것은 아니다. 이 또한 영성에 대한 흔한 오해 중 하나이다. 마음은 중대한 역할을 한다. 생각 자체는 중요한 역할을 수행한다. 마음을 영적 탐구의 형태로 사용하는 방법에 대해서는 나중에 이야기할 것이다. 영적 탐구에서 우리는 마음을 넘어서기 위해서 실제로 마음을 활용한다.

그러므로 나는 마음과 생각이 근본적으로 문제라고 말하는 것이 아니다. 문제는 마음에 대한 우리의 집착이다. 진실을 찾기 위해, 평화를 찾기 위해, 우리를 자유롭게 해 줄 것을 찾기 위해 개념과 관념에 기대를 거는 것은 헛된 추구이다. 생각하는 마음을 포기할 때, 우리는 영적인 계시라고 부를 수 있는 통찰에 대해, 저절로 일어나는 깊은 지혜 또는 깊은 앎에 대해 열리게 된다. 그것은 마음속에서 일어나지만 마음에서 비롯되는 것은 아니다. 그것은 "아하!" 하는 경험이며 즉각적인 이해이다. 당신이 "아하! 알겠어." 하고 생각할 때, 그것은 논리적인 사고를 통한 것이 아니다. 그것은 마음속에서, 몸속에서 인식되는 무엇이며, 저절로 드러나는 계시의 성질을 가진 무엇이다.

이러한 수준의 통찰에 다가가기 위해서는 통제를 놓아 버려야 하며, 마음에 대한 통제마저 놓아 버려야 한다. 그럴 때 우리는 존재의 자연스러운 상태로 들어간다. 어떤 면에서 참된 명상은 궁극적인 신앙의 행위이다. 왜냐하면 가만히 앉아서 모든 것을 이미 있는 그대로 내버려두는 것—통제를 놓아 버리는 것, 조작을 놓아 버리는 것—은 그 자체로 아주 깊은 신앙의 행위이기 때문이다. 그것은 또한 깊은 탐구의 행위이기도 하다.

우리가 이러한 통제를 정말로 놓아 버리면 어떤 일이 일어날까? 우리가 모든 것을 정확히 있는 그대로 내버려둔다면 어떤 일이 일어날까? 이러한 물음이 모든 영성의 출발점이다. 할 수 있는 한 가장 깊이, 가장 심오한 방식으로 모든 것을 있는 그대로 허용하기 전에는 우리는 여전히 통제를 하고 있다. 참된 영성에서는, 참된 명상에서는 우리는 처음부터 이러한 통제를 포기한다. 우리는 에고에게, 마음에게, 통제하는 자에게, 조작하는 자에게 에너지를 공급하지 않는다.

우리는 사실 노력을 포기하고 있는데, 우리가 노력하지 않는 방식으로 명상할 수 있다는 것은 대부분의 사람들에게는 혁명적인 발상이다. 노력하지 않는다고 해서 우리가 나태해진다거나 명상 중에 잠이 들 것이라는 말은 아니다. 통제를 포기하고 모든 것을 있는 그대로 내버려두는 것은 노력을 포기하는 수단이다. 따라서 통제를 포기하고 모든 것을 있는 그대로 내버려둔다는 말은 노력을 포기한다는 말과 같다. 노력을 포기하고 훈련을 포기할 때, 우리는 우리의 의식 속에서 어떤 일이 일어나는지를 깨닫게 된다.

그럴 때면 어떤 생명력이 의식 속으로 들어온다는 것을 우리는 경험을 통해 알아 가기 시작한다. 그것은 마치 우리 내면에서 등불이 켜지는 것과 흡사한데, 우리가 노력과 통제를 포기하는 것만으로 그런 일이 일어난다. 순수하고 아름다우며 오염되지 않은 어떤 것이 의식 속에서 떠오르기 시작하며, 그것은 완전히 저절로, 스스로 떠오르기 시작한다. 그런데 이것은 우리 대부분이 배웠던 바와는 상당히 다르다. 우리는 의식의 자연스러운 상태에 들어가기 위해서는 우리 자신을 통제하고 단련시켜야 한다고 배웠다. 하지만 내가 말하는 것은 이와 정반대이다. 우리는 통제와 노력을 포기하고 생생한 상태 속에 편안히 쉬는 것으로 자연스러운 상태에 들어가게 된다. 그것은 아주 간단하다. 더 이상 간단할 수가 없다.

자리에 앉아서, 모든 것을 이미 있는 그대로 내버려두어라. 당신은 맨 처음부터 다음과 같은 간단한 질문을 자신에게 물어볼 수도 있다. "내가 명상을 통해 얻으려 애쓰는 평화와 고요함은 이미 바로 지금 여기에 있지 않을까?" 그런 다음 스스로 살펴보라. 스스로 살펴볼 때 우리는 "그래, 정말로 평화와 고요함은 완전히 자연스러운 상태이고, 그것들은 이미 일어나고 있어."라고 알게 된다. 그때 당신이 해야 할 일은 그것을 알아차리고 그것에 몰두하는 것이 전부이다. 이미 있는 평화에, 이미 있는 고요함에 몰두하면 어떤 일이 일어나는지 살펴보라. 이것이 바로 탐구이다.

# 자세와 눈은 어떻게 하는 것이 좋은가?

　참된 명상에 관한 가르침을 전하면서 가장 자주 받는 질문 가운데 하나는 앉는 방법이 중요한지 여부이다. 척추를 곧추 세우고 앉아서 명상을 해야 하는지, 아니면 의자에 편히 앉거나 소파에 앉아 있어도 되는지 묻는 것이다. 나의 대답은, 드러누우면 잠들기 쉬우므로 드러눕지 않는 편이 좋지만, 드러눕지만 않는다면 어떤 자세로 앉는지는 크게 중요하지 않다는 것이다.

　나는 많은 전통들이 알맞은 자세를 강조한다는 것을 이해한다. 내가 공부했던 선(禪) 전통에서는 자세를 상당히 강조한다. 그리고 자세를 강조하는 데는 좋은 이유들이 있다. 어떤 자세들은 실제로 우리를 감정적으로나 육체적으로 열어 준다. 우리의 자세가 열려 있을 때, 즉 척추를 똑바로 세우고 양손을 벌리고 있을 때, 우리는 더욱 열려 있다고 느낀다. 그러한 자세에는 자연스럽게 열려 있는 느낌이 있다. 영적 전통들은 내면의 열려 있는 감각과 열려 있는 태도를 기르기 위해 다양한 신체 자세를 활용한다. 그러나 그동안 내가 지켜보면서 알게 된 사실은, 비록 알맞은 자세가 유용하긴 하지만, 구도자들의 마음이 특정한 자세를 완벽하게 하고 유지하는 데에 너무 집중하기 때문에 열림으로 이어지지 못하는 경우가 많다는 것이다. 그들은 열림으로 나아가는 대신, 자신이 자세를 완벽히 취하는지 여부에 지나치게 민감해진다.

역시 우리의 태도가 관건이다. 중요한 것은 우리가 편안하고 열려 있고 이완된 태도로 명상에 접근하는 것이다. 우리는 자세가 올바를 때만 깨어남이나 깨달음이 일어날 것이라는 생각을 극복할 필요가 있다. 그것은 진실이 아니기 때문이다. 깨어남과 깨달음은 허리를 똑바로 세운 자세로 명상하는 사람에게도 일어날 수 있고, 야외 접이의자에 앉아서 몸을 앞으로 굽힌 채 명상하는 사람에게도 일어날 수 있다. 어떤 태도로 명상하느냐가 중요한 것이다. 우리는 열려 있는가? 편안하게 앉아 있는가? 아주 단순하게 접근하고 있는가? 다시 말해, 몸을 잊어버릴 수 있는 자세로 앉아 있는가? 몸과 분리되는 것이 아니라, 그저 몸을 내버려둘 수 있는 자세로?

사람들이 나에게 자주 묻는 또 하나의 질문은, 눈을 뜨고 있어야 하는지 감고 있어야 하는지 여부이다. 전통들마다 강조하는 방식은 다를 것이다. 어떤 전통들은 눈을 뜨고 명상하라고 말할 것이고, 다른 전통들은 눈을 감는 것을 권장할 것이다. 한 사람의 교사로서 나는 당신이 어떤 방식에 끌리는지에 더 관심이 간다. 따라야 한다고 '생각되는' 방식이나 따르지 말아야 한다고 '생각되는' 방식을 제쳐 두고 보면, 당신은 눈을 뜨는 방식과 감는 방식 중 어느 쪽에 끌리는가? 다른 어딘가에서 배운 권위 있는 가르침을 제쳐 두고, 다른 사람이나 다른 무엇에 의해 주어진 것이 아닌, 진짜 자기의 것으로 친밀하게 느껴지는 것과 다시 연결되어 보라. 그럴 때 어느 쪽에 끌리는가?

많은 구도자들은 가르침과 지시 사항에 관한 지식을 너무 많이 습득하여, 얼마 후에는 진짜 친밀한 자기의 것, 자기 자신의 타고난 자연스러운 지혜와 단절된다. 그래서 나는 항상 맨 처음부터 사람들이 친밀한 그들 자신의 것과 즉각 다시 연결되게 하려 한다. 당신에게는 무엇이 진실한가? 만약 눈을 뜨고 명상하고 싶다면, 눈을 뜨고 명상하라. 눈을 감는 것이 더 좋다면, 눈을 감고 명상하라. 두 가지를 번갈아 가며 시험해 보라. 졸리면 눈을 계속 뜨고 있는 것이 좋을 것이다. 그러면 깨어 있는 데 조금 도움이 된다. 어느 때에는 눈을 뜨고 있는데, 졸리기 때문이 아니라 그냥 그러고 싶어서, 눈을 감고 싶어질 수도 있다. 눈을 감고 싶으면 눈을 감아라. 자기가 원하는 방식을 줄곧 느껴 보라. 순간순간 자기 자신의 경험과 매우 친밀해져 보라.

# 노력 없는 노력

또 하나의 공통적인 질문은 노력과 노력하지 않음에 관한 것이다. 나는 노력을 쉬고 편안히 있는 것에 대해 많은 얘기를 하는데, 그러면 가끔 사람들은 혼동을 하여 내가 게을러져야 한다고 말하는 것으로 오해한다. 노력 없이 명상을 하는 것은 게을러지는 것과는 다르며, 흐리멍덩한 상태로 있는 것과도 다르다. 내가 나의 스승에게 명상에 대해 질문했을 때 그녀는 "그것이 생생한가요? 살아 있나요?"라고 되묻곤 했는데, 사실 그것은 내가 스승에게서 받은 가장 아름답고 심오한 가르침 중 하나였다. 이것은 아주 좋은 가르침이다.

만약 우리가 아무 노력도 하지 않고 그저 게으르기만 하다면, 우리의 명상은 꿈꾸듯 몽롱하고 흐릿해진다. 그것은 가수면 상태에 빠져 있거나 약물에 취한 상태로 있는 것과 비슷하다. 노력하지 않음은 그런 의미가 아니다. 노력하지 않음은 아무 노력도 하지 않는다는 뜻이 아니다. 노력하지 않음은 바로 지금 여기에 생생하게 현존하는 데 꼭 필요한 만큼의 노력을 의미한다. 밝게 깨어 있을 만큼의 노력. 나의 스승은 이것을 '노력 없는 노력'이라고 부르곤 했다. 우리는 이 말이 무슨 의미인지를 각자 스스로 깨달아야만 한다. 너무 많이 노력하면 지나치게 경직되고, 너무 적게 노력하면 꿈꾸듯 몽롱해진다. 그 중간 어디쯤에 생생하고 분명하며 내면이 밝은 상태가 있다. 사람들에게 지나치게 노력하지 말라고 말할 때 내가 의미하는 것은 바로 이것이다. 어느 정도의 노력이 적당한지는 자기 스스로 발견해야만 한다.

# 우리는 본래 깨어나게 되어 있다

내가 말하는 방식으로 명상할 때, 즉 통제를 포기하고 모든 것을 있는 그대로 내버려둘 때, 우리는 자연스럽게 깨어나게 되어 있다. 우리는 생물학적으로, 심리학적으로 깨어남을 향해 나아가도록 되어 있다. 많은 사람들이 그 사실을 모른다. 그러나 에고가 가진 통제를 포기할 때, 우리 존재의 본성이 깨어난다.

각자 나름의 명상 전통을 배운 사람들이 나에게 오면 나는 그동안 배운 기법을 포기해 보라고 제안하는데, 그렇게 하면 물론 처음에는 그들의 마음이 조금 밖을 떠돌아다니게 된다. 이것은 자연스러운 일이다. 우리가 꼭 붙잡고 있던 것을 놓아 주면, 그것은 벗어나고 싶어 하는 경향이 있다. 마치 개를 가죽 끈으로 매어 놓은 것과 같아서, 가죽 끈을 풀어 주면 개는 본능적으로 달아난다. 우리의 마음도 마찬가지다. 만약 우리가 마음을 단단히 붙잡아 매어 두었다면, 속박에서 풀려났을 때 마음은 그 성향에 따라 이리저리 떠돌아다니게 된다. 우리는 개의 가죽 끈을 풀어주듯이 그저 그런 일이 일어나도록 허용할 수 있다. 개는 재빨리 당신에게서 도망칠지 모르지만, 잠시 기다려 주면, 결국 개는 대개 당신의 발치로 돌아가고 싶다고 마음먹게 될 것이다. 마찬가지로, 당신이 마음에 대한 통제를 포기하면 마음은 한동안 조금 소란스러울지도 모른다. 그러나 만약 진실로 마음을 있는 그대로 내버려둔다면, 마음은 그 성향에 따라 조화로운 상태, 고요한 상태로 돌아오게 될 것이다.

# 내면의 모든 것이 스스로 드러나게 하라


　우리 전(全) 존재의 본성은 깨어나는 것이다. 그래서 우리가 모든 것을 있는 그대로 있도록 깊이 허용하면, 흔히 우리의 정신 속에 억압되어 있던 부분이 밖으로 드러난다. 사실, 수많은 영적 구도자들은 부지불식간에 정신 속에 억압되어 있는 부분을 계속 억압하는 데에 명상 기법을 사용하고 있다. 그들은 자신이 그렇게 하고 있다는 것을 모를지 모르지만, 이런 일이 실제로 일어나고 있다.

　우리가 놓아 버리고, 정말로 열리고, 모든 것을 있는 그대로 있도록 허용할 때, 어떤 억압된 부분이 떠오르는 것은 드문 일이 아닌데, 이것은 상당히 충격적일 수 있다. 갑자기 명상 중에 화가 치밀어 오르거나 슬픔이 밀려올 수도 있다. 눈물 흘리

53

며 울 수도 있다. 갖가지 기억들이 의식에 되살아나서 스스로 드러날 수 있다. 신체에서 통증을 느낄 수도 있는데, 어떤 사람들은 모든 것을 있는 그대로 있도록 허용할 때 몸 이곳저곳이 아팠다고 말한다.

우리가 정말로 놓아 버리기 시작하면, 표면으로 떠오를 필요가 있는 것들은 표면으로 떠오른다. 마음은 이 부분이 나타나는 것을 원치 않을지도 모른다. 앞서 말했듯이, 많은 영적 구도자들은 자기도 모르게 무의식을 억누르기 위해 영적 수행을 이용한다. 우리가 억누르는 것을 멈출 때, 우리의 무의식은 스스로 떠올라 드러나기 시작한다.

이런 무의식적인 부분이 표면으로 떠오를 때 우리는 어떻게 해야 할까? 아무것도 할 필요가 없다. 그저 그것이 스스로 드러나도록 허용하기만 하면 된다. 그것은 분석할 필요가 없다. 떠오르는 것은 대개 우리 내면에 있는 해결되지 않은 갈등이다. 그것은 우리가 충분히 느끼도록 자신에게 허용하지 않았던 감정들이며, 우리가 충분히 경험하도록 자신에게 허용하지 않았던 고통들이다. 이 모든 것들이 떠오른다.

우리 안의 이런 해결되지 않은 부분은 무의식으로 내쫓기지 않고 충분히 경험되기를 갈망한다. 그러니 우리의 억압된 부분이 떠오르면, 그것이 억제되지 않고 떠오르도록 허용해야만 한다. 그것을 분석하려 하지 말고, 이런 느낌들이 몸에서, 우리의 존재에서 경험되도록, 그리고 그것들이 원하는 대로 펼쳐지도록 허용해야 한다. 만약 그렇게 한다면, 그것이 어떠한 종류의 고통이든—감정적이든, 심리적이든, 육체적이든, 영적이든, 그 밖의 다른 것이든—이 억압된 부분은 떠오르고, 스스로 드러나고, 경험된 뒤에 사라질 것이다. 만약 그것이 사라지지 않는다면, 어디엔가 저항이나 거부, 집착이 있다는 것을 알 수 있다. 그것을 알아차리는 것은 좋은 일이다. 그것을 놓아 버릴 기회가 다시 한 번 주어지기 때문이다.

모든 것을 있는 그대로 허용한다고 해서 우리의 명상이 반드시 완전히 평화롭고 고요해지는 것은 아니다. 여기에서 우리의 목적은 깨어나는 것이다. 그렇지 않은가? 그러므로 우리에게 필요한 것은 더 나은 기분을 느끼기 위해 스스로를 억압하는 방법을 배우는 것이 아니다. 우리에게 필요한 것은 자기 존재의 실재로 깨어날 수 있는 방법이며, 우리는 자기의 인간성과 관계함으로써 자기 존재의 실재로 깨어난다. 우리의 인간성을 회피함으로써 깨어나는 것이 아니다. 우리의 인간성을 우회함으로써, 그것을 기도나 주문이나 명상으로 떨쳐 버리려고 노력함으로써 깨어나는 것이 아니다. 우리는 우리 안의 모든 것이 스스로 드러나도록, 느껴지도록, 경험되도록, 알려지도록 허용함으로써 깨어난다.

오직 그런 다음에야 비로소 우리는 더 깊은 수준으로 이동할 수 있다. 이것은 아주아주 중요하지만, 많은 사람들이 이해하지 못하고 있다. 우리는 인간적 경험을 억압하거나, 우리가 느끼고 싶지 않은 것을 억압하는 데에 명상 기법을 사용하기 쉽다. 그러나 정작 요구되는 것은 정반대이다. 참된 명상은 그 안에서 모든 것이 드러나고, 그 안에서 모든 것이 보이고, 그 안에서 모든 것이 경험되는 공간이다. 그러므로 그것은 스스로를 놓아 버린다. 우리가 놓아 버리는 것이 아니다. 그것이 스스로를 놓아 버린다.

# 두려움이 출구다

두려움에 대한 질문을 자주 받는다. 두려움은 영적인 길에서 흔히 경험되는 부분이다. 앉아서 명상을 하다 보면 어느 지점에서 두려움이 일어나곤 한다. 통제와 조작을 포기하려고 하는 이런 종류의 명상에서는 특히 더 그렇다. 이런 일이 일어날 때 대부분의 사람들은 상당한 두려움을 느낄 것이다. 왜냐하면 에고적인 마음은 통제를 포기하는 것과 열려 있음을 경험하는 것을 너무나 두려워하기 때문이다. 명상적 자기탐구를 할 때도, 우리의 내면을 들여다보고서 사실은 우리가 분리된 개인으로 존재하지 않는다는 것을 알게 될 때, 역시 심한 두려움이 일어날 수 있다.

마음은 모르는 것, 이해되지 않는 것과 접촉할 때면 대개 두려움에 사로잡힌다. 흔히 우리는 두려움이 일어나면 분명 뭔가 잘못되고 있기 때문이고, 그 두려움은 틀림없이 위험을 뜻한다고 배웠다. 그러나 영성에 있어서는 두려움이 반드시 위험을 의미하는 것은 아니라는 점을 기억하는 것이 중요하다. 실제로 두려움은 우리가 내면으로 깊이 들어가고 있다는 것을 의미할 때가 많다. 그러므로 두려움이 일어날 때 가장 지혜로운 대응은 그저 두려움이 일어나도록 놓아두는 것이다.

몸에서 두려움을 느껴 보라. 당신의 마음이 두려움에 대한 이야기와 관념을 지어내려고 하는 것을 알아채고, 그러한 이야기들이 정말 진실한 것은 아니라는 것을 알아차려라. 하지만 두려움은 경험되도록 허용하라. 왜냐하면 두려움이 출구일 때가 많기 때문이다. 두려움은 당신이 반드시 통과해야 하는 관문이다. 당신이 기꺼이 두려움을 통과하려 할 때, 두려움을 경험하려 하고, 그 밑에 무엇이 있는지 보려 하고, 더 깊이 들어가려 할 때, 두려움은 제 역할을 다한 것이다. 두려움이 일어난다고 해서 반드시 무언가가 잘못되었다는 뜻은 아니다. 사실 영적인 길에서는 두려움이란 일이 제대로 되어 가기 시작한다는 것을 의미할 때가 많다.

# 생각에서 빠져나와 감각으로 들어가라

　참된 명상은 우리의 생각에서 빠져나와 감각으로 들어가는 것이며, 우리가 느끼는 것을 실제로 느끼는 것이다. 우리는 자기의 생각만을 듣고 있는 것이 아니라, 우리 주위에서 일어나고 있는 소리들을 듣는다. 우리는 마음속의 자질구레한 영화들로 완전히 점령당해 있지는 않으며, 우리 앞에 있는 것을 본다. 참된 명상에서 우리는 몸을 초월하기 위한 수단으로서 몸 안에 머문다. 역설적이게도, 형상을 초월하는 최고의 출구는 형상 자체를 통하는 것이기 때문이다.

　그러니 명상을 하기 위해 앉을 때는 자신의 감각들과 연결되어 보라. 느껴지는 느낌, 귀에 들리는 소리, 감지되는 것, 코에 와 닿는 냄새와 연결되어 보라. 그런 감각들은 실제로 당신이 지금 이 순간에 머무르게 해 준다. 마음이 산란하게 떠돌 때는 감각들에 관심을 기울여 보라. 귀 기울여 들어 보라. 바깥에서 무슨 소리가 들리는가? 느껴 보라. 몸에서 어떤 느낌이 느껴지는가? 느껴지는 감각 속으로, 운동감각 속으로 들어가라. 몸에서 느끼는 것뿐만 아니라, 방 안에서 감지되는 것도 알아차려라. 냄새를 맡아 보라. 앉아 있는 동안 무슨 냄새가 나는가? 감각들을 통해서 내부와 주위의 전체 세계에 자신을 열어라. 그러면 마음보다 더 깊은 실재에 자리 잡게 되며, 마음이 아닌 한곳에 집중하는 데 도움이 된다.

모든 것을 있는 그대로 허용하는 것은 아주 단순한 일이지만, 사람들이 상상하는 것만큼 쉽지는 않다. 만약 당신이 정말로 올바르게 허용하고 있다면, 자신이 다섯 감각에 생생하게 현존하고 있다는 것을, 자신의 몸에 생생하게 현존하고 있다는 것을, 자신의 경험에 생생하게 현존하고 있다는 것을 알게 될 것이다. 반면에 만약 당신이 몽롱한 꿈 같은 영역에 있다는 것을 알아차린다면, 자신의 감각들로 돌아오는 것이 매우 중요하다. 당신의 몸은 의식으로 하여금 더욱 깊은 실재감 속에 머물게 해 주는 훌륭한 도구이다.

# 알아차림은 역동적이다

조작하거나 통제하는 행위를 멈추면, 알아차림 자체는 고정되어 있지 않다는 것을 알게 된다. 알아차림은 어디를 향하지 않을 때는 한동안 가만히 쉴 수도 있다. 알아차림은 전체적으로 알아차릴 수도 있으며, 그럴 때는 지각되는 모든 것을 한꺼번에 알아차릴 수 있다. 대개는 당신이 더 많이 이완할수록 더 전체적으로 알아차리게 되며, 경험 전체를 느끼고, 모든 것과 모든 경험을 하나의 전체로서 받아들인다. 하지만 그 뒤에 상황이 변할 수 있다. 알아차림은 본래 호기심이 많다. 당신은 발가락이 간지럽거나, 옆구리가 결리거나, 어느 부위에서 근육이 땅기는 것을 느낄 수도 있다. 그러면 알아차림은 저절로 자연스럽게 그 특정한 방향으로 이동할 것이다.

'자연스럽게' 라는 말이 여기에서는 핵심이 되는 말이다. 알아차림은 당신이 그래야 한다고 생각해서 움직이는 것이 아니라, 그것이 흐르고 싶어 하는 자연스러운 길이 있기 때문에 움직이는 것이다. 모든 것을 있는 그대로 허용한다고 해서 움직임이 없는 정적인 상태가 되는 것이 아니다. 알아차림은 당신의 발로, 통증으로, 또는 긴장된 곳으로 향할 수 있다. 그것은 기쁨의 느낌으로 향할 수도 있다. 알아차림은 바깥에서 지저귀는 새 소리를 듣고서 저절로 새 소리에 귀를 기울일 수도 있으며, 다음에는 전체적으로 알아차리면서 모든 것을 한꺼번에 받아들일 수도 있다. 알아차림은 문득 고요함 그 자체가 궁금해져서 고요함 속으로 들어갈 수도 있다. 모든 것을 있는 그대로 허용하는 것은 그 말에서 짐작되는 것보다 훨씬 더 역동적인 내적 환경을 조성한다. 이 말이 실제로 무엇을 의미하는지는 스스로 자기 안에서 발견해야 한다.

당신은 알아차림이 매우 역동적이라는 사실을 알게 될 것이다. 알아차림은 움직이고 돌아다니는 성향이 있다. 때때로 알아차림은 멈추고, 깊은 고요함과 평온함 속에서 쉴 것이다. 놓아 버림으로써 우리는 알아차림이 원하는 대로 하도록 허용한다. 알아차림은 갈 필요가 있는 곳으로 간다. 우리는 알아차림이 자체의 지성을 지니고 있음을 깨닫게 된다. 알아차림이 가려 하는 곳, 알아차림이 경험하려 하는 것, 알아차림이 바라보려 하는 것을 함께 해 보라. 그럴 때 당신은 알아차림과 함께 한다. 당신은 기꺼이 알아차림이 가고 싶어 하는 곳으로 가려 할 것이다.

# 명상하듯이 살아라

좌선은 사람들에게 좋은 것이다. 내 경험에 따르면, 20분이든 45분이든 매일 고요히 앉아 있는 시간을 갖는 것이 좋다. 더 오래 앉아 있고 싶으면 그렇게 하라. 하루에 한 시간씩 앉아 있고 싶을 수도 있고, 하루에 두 시간씩 앉아 있고 싶을 수도 있다. 그것은 당신이 얼마나 길게 하고 싶은지에 달려 있다. 머리가 하고 싶은 대로 따르는 것이 아니라, 가슴이 하고 싶은 대로 따르면 된다.

그런데 내가 말하는 명상은 단지 특정한 자세로 앉아서 행하는 것만을 가리키는 것이 아니다. 명상은 살면서, 생활하면서 하는 것이기도 하다. 우리가 앉아 있을 때만 명상하는 법을 배운다면, 앉아 있을 때 아무리 깊은 명상을 한다고 해도 그것으로는 충분하지 않다. 하루에 세 시간씩 앉아서 명상을 한다 해도, 앉아 있지 않는 나머지 시간이 하루에 스물한 시간이나 된다. 만약 하루에 2분 동안 앉아서 명상을 한다면, 앉아 있지 않는 나머지 시간은 굉장히 많아진다.

오랜 세월 내가 목격한 것은, 아주 뛰어난 명상가들조차 방석에서 일어나는 순간 명상을 떠나 버린다는 점이다. 그들은 명상을 하는 동안에는 자기의 관념과 믿음들, 견해와 판단들을 놓아 버릴 수 있다. 그 모든 것을 놓아 버리고 명상을 아주 잘할 수 있다. 하지만 방석을 떠나기만 하면 그들은 그 모든 것을 다시 되찾아야 할 것처럼 느낀다.

참된 명상은 사실 우리와 늘 함께하는 어떤 것이다. 우리는 언제 어디서나 참된 명상을 할 수 있다. 자동차를 운전하면서도 모든 것을 있는 그대로 허용할 수 있다. 이를테면 교통정체까지도 있는 그대로 허용하는 수행을 할 수 있는 것이다. 우리는 우리가 느끼는 대로 느끼도록 놓아두는 수행을 할 수 있다. 날씨를 있는 그대로 놓아둘 수 있다. 아니면, 다음에 친구나 애인을 만날 때 있는 그대로 놓아두는 것을 실험해 볼 수 있다. '내가 그 사람을 있는 그대로 완전히 허용하면서 만나면 어떻게 될까? 내가 나를 있는 그대로 완전히 허용하면 어떻게 될까? 어떤 일이 일어날까? 우리의 관계는 어떨까? 우리의 관계는 어떻게 변할까?' 따라서 참된 명상은 매우 적극적인 명상, 깊이 참여하는 명상일 수 있다.

명상은 조용한 곳에 앉아 있을 때에만 일어나는 것이라고 여기지 않는 것이 중요하다. 그렇게 여기면 영성과 우리의 일상생활은 둘로 분리된 별개의 것이 된다. '나의 영적인 삶'이라는 것이 따로 있고, '나의 일상생활'이라는 것이 따로 있다는 것, 그것이 가장 근본적인 착각이다. 실재에 눈을 뜨게 되면, 우리는 그것들이 모두 하나라는 것을 발견한다. 그 모든 것은 온통 하나인 영(靈)의 나뉨 없는 표현이다.

모든 것을 있는 그대로 허용하는 것이 명상을 할 때만이 아니라 일상생활을 할 때도 그 바탕이 된다면 어떻게 될까? 이것은 대다수 사람들의 삶에 혁명적인 토대가 될 것이다. 모든 것을 이미 있는 그대로 허용하는 것을 우리 존재의 바탕, 우리 존재의 핵심으로 삼는다면 그것은 혁명적인 일이다. 이 말은 모든 것을 과거에 있던 그대로, 지금 있는 그대로, 미래에 있을 그대로 허용한다는 것을 의미한다. 만약 당신 삶의 바탕 자체가, 고요히 앉아 있지 않는 하루의 나머지 시간 전부가, 모든 것을 온통 있는 그대로 허용하는 것으로 채워진다면 어떻게 될까?

그러면 당신의 삶은 상당히 흥미로워질 수 있다. 왜냐하면 명상은 안전하기 때문이다. 작은 방석이나 의자, 작은 벤치에 앉아서 당신이 좋아하는 자세로 몸을 웅크려 보라. 그것은 안전하며, 마치 자궁 속으로 돌아가는 것 같다. 그것은 기분 좋은 일이다. 왜냐하면 어떤 것도, 어떤 사람도 빼앗아 갈 수 없는, 완전히 의지할 수 있는, 자기 자신 안에 있는 안전한 장소를 발견하면 기분이 좋기 때문이다. 그것은 정말 기분 좋은 일이다.

그렇지만 우리가 마음을 열고서, 명상을 단지 안전한 장소에 있는 것으로만 생각하는 것이 아니라, 삶 그 자체에 다가가는 방법으로 생각하기 시작할 때, 명상은 무척 흥미로워진다. 그렇지 않은가? 우리는 우리가 경험하는 것에 대한 저항을 그만두기 시작한다. 그리고 우리가 경험하는 것에 대한 저항에서 벗어나기 시작하면, 우리는 아주 강력한 무언가를 발견하기 시작한다.

우리는 가장 본질적인 것, 우리 존재의 진실을 발견하기 시작한다. 우리는 우리의 본성인 의식이 언제나 모든 것을 있는 그대로 허용하고 있다는 사실을 발견하기 시작한다. 우리가 이와 같이 명상하는 까닭은 바로 이 때문이다. 왜냐하면 의식은 이미 그렇게 하고 있으며, 모든 것을 있는 그대로 허용하고 있기 때문이다. 의식 자체는 저항하지 않는다. 의식은 지금 있는 것에 반대하지 않는다. 그렇다는 것을 알고 있었는가? 당신의 참된 본성인 의식은 모든 것을 있는 그대로 허용하고 있다. 만약 당신이 좋은 하루를 누리고 있다면, 당신의 참된 본성은 당신이 좋은 하루를 누리도록 허용한다. 그리고 만약 당신의 불쾌한 하루를 보내고 있다면, 당신의 참된 본성은 당신이 불쾌한 하루를 보내는 것 역시 방해하지 않는다. 그렇지 않은가? 의식은 그것을 있는 그대로 허용한다. 우리의 의식이 하는 일은 그것만이 아니지만, 그것이 바탕이다.

정말로 자유로워지는 열쇠들 가운데 하나는 명상하는 것과 같은 방식으로 사는 것임을 나는 알게 되었다. 우리가 정말로 모든 것을 있는 그대로 허용할 때, 그런 내적 분위기, 아무것도 붙잡지 않는 그런 내적 태도를 취할 때, 그것은 매우 비옥한 공간, 매우 풍부한 잠재력을 지닌 의식 상태이다. 그러한 내맡김의 순간에 창조적인 어떤 것이 당신에게 올 수 있다. 그것은 통찰이 일어나는 공간, 계시가 일어나는 공간이다.

우리는 어떤 목표로서, 최종 목적지로서 모든 것을 있는 그대로 내버려두는 것이 아니다. 그것을 목표로 삼는다면 우리는 핵심을 놓치게 된다. 핵심은 단순히 모든 것을 있는 그대로 허용하는 것이 아니다. 그것은 단지 기초일 뿐이며, 기본적인 태도일 뿐이다. 하지만 그런 기본적인 태도를 통해서도 수많은 일이 가능해진다. 그것은 지혜가 떠오르는 공간이며, "아하!" 하는 통찰이 떠오르는 공간이다. 그것은 알 필요가 있는 것들이 우리에게 주어지는 공간이다. 그 공간 안에서는 단지 마음속 작은 한 점의 의식이 아니라 의식 전체가 우리에게 필요한 것을 알려 줄 수 있다. 그리고 궁극적으로 그것은 깨달음이 일어나는 공간이다. 그것은 우리 자신이 바로 의식 자체임을, 우리 자신이 바로 존재의 드러나지 않는 바탕임을 깨닫는 공간이다.

# 2부
# 명상적 자기탐구

가장 깊고 단순한 방식으로 모든 것을
있는 그대로 허용하는 것이 우리 삶의 바탕이 되고,
그럴 때 어떤 경험을 하게 되는지 어느 정도 맛을 보게 되
면, 이제 명상의 다음 요소가 중요한 역할을 맡게 된다.
이 요소는 명상적 자기탐구이다.
이것은 간과되는 경우가 많지만, 사실은
매우 중요한 명상의 한 부분이다.

명상이 단지 모든 것을 있는 그대로 깊이
허용하는 데에만 머무른다면, 그 명상이 아무리 심오하고
아무리 자유롭게 해 주더라도, 그러한 접근 자체만으로는
영적인 무관심 상태나 내적인 무집착 상태에 그칠 수 있다.
탐구는 우리의 자연스러운 호기심의 에너지, 영적 열망의
에너지 자체를 이용하여 우리 존재의 본성에 대한
근본적인 통찰을 계발하는 방법이다.

# 나는 어떻게 명상적 자기탐구를
# 발견했는가

　내가 명상적 자기탐구를 발견하게 된 경위를 얘기하고 싶
다. 그 발견은 여러모로 자연스럽게, 거의 우연에 가깝게 이루
어졌다. 명상적 자기탐구를 나에게 직접 가르쳐 준 사람은 아
무도 없었고, 그렇게 해 보라고 권유한 사람도 없었다. 여러
해 동안 영적 수행과 명상을 하다 보니 자연스럽게 발견하게
된 것이다.

　어느 날 문득, 나는 나에게 질문들이 있다는 사실을 깨달았
다. 많은 사람들도 그들의 수행에 대해, 영성에 대해, 삶에 대
해 가지고 있을 그런 질문들을……. 나의 질문들은 상당히 기
본적인 것들이었다. 예를 들면, 내맡김이란 무엇인가? 그동안
내맡김에 대해 많이 들어 봤지만, 나는 생각했다, 내맡김이란

정말 무엇인가? 그리고 명상이란 무엇인가? 그것은 정말 무엇인가? 나는 오랫동안 명상을 해 왔지만, 그것은 정말로 무엇이었는가?

이런 일련의 질문들은 나로 하여금 결국 "나는 정말로 누구인가?"라고 묻게 했다. 나는 이런 질문들이 마음속에서 맴돌고 있다는 것을 알아차렸고, 이런 질문들을 직접 탐구할 수 있는 방법을 찾고 있었다. 그러다가 결국 명상적 자기탐구를 발견하게 되었다.

일을 마친 뒤 저녁이면 커피숍에 가서, 하나의 질문을 떠올리곤 했다. 그리고 손에 펜을 쥐고서, 마치 다른 사람에게 말하는 것처럼 그 질문에 대한 대답을 종이에 쓰기 시작했다. 우리는 자신이 알고 있는 것을 다른 사람에게 가르칠 때 언제나 가장 잘 전달할 수 있다. 그래서 나는 자리에 앉아서, 마치 다른 사람에게 답변 내용을 가르치고 있는 것처럼, 질문에 대한 대답을 썼다. 나는 나 자신과 약속을 했었다. 내 경험을 통해 정확하고 진실하다는 것을 알게 된 답변이 아닌 것은 단 한 글자도 쓰지 않겠노라고. 그리하여 나는 "내맡김이란 무엇인가?"와 같은 주제를 골랐고, 그 질문에 대한 답변을 종이에 쓰기 시작했다.

그리고 그 문장이 진실이라고 느껴지기 전에는, 어떤 식으로든 나 자신의 경험을 벗어나서 말하고 있는 것이 아니라고 느껴지기 전에는 단 한 문장도 완결하지 않았다. 이런 식으로 다음 문장을, 그 다음 문장을, 또 그 다음 문장을 쓰곤 했다. 내가 탐구하고 있던 주제에 대해 내가 아는 것을 다 쓰는 데는 그다지 긴 시간이 걸리지 않았다. 보통은 두 장, 많아야 세 장이면 내가 알고 있던 것을 남김없이 다 쓸 수 있었다. 그러고 나면 이 내면의 벽에 부닥치곤 했는데, 그럴 때면 그렇다는 것을 마음으로만이 아니라 몸으로도 느꼈다. 여기까지라는 것을, 여기가 나 자신의 경험으로 확인할 수 있는 한계라는 것을 알 수 있었다.

내가 질문의 맨 밑바닥까지 도달하지는 않았다는 것을 느낄 수 있었다. 그래서 한 손에는 펜을 쥐고 다른 손에는 커피잔을 든 채로 가만히 앉아서, 그것이 진실이라는 것을 알기 전까지는 단 하나의 단어도 쓰지 않았다. 바로 그 자리에서 한참 동안, 때로는 30분 동안, 때로는 두 시간 동안 앉아 있곤 했다. 아무리 시간이 오래 걸려도, 그것이 진실이며 정확하다는 것을 알기 전까지는 다음 단어를 쓰지 않았다. 앞으로 나아갈 수 있는 유일한 길은, 내 지식이 더 이상 나아갈 수 없는 가장자리, 바로 그 자리에 가만히 있으면서, 그 문턱에서 내 몸과 마음으로 느끼는 것이라는 점을 나는 알게 되었다.

질문에 대해 생각한 것이 아니다. 마음속으로 많은 철학적 사색을 한 것도 아니다. 단지 내가 아는 것과 그 너머의 것 사이의 경계에서 꼼짝 않고 머물러 있었다. 그 경계에 머물러 있을 때—그 경계를 느끼고, 그 경계를 감지하고, 그 경계 너머로 나아가고 싶어 한다는 것을 알아차릴 때—, 마침내 다음 단어나 문장이 떠오르곤 했다. 그렇게 단어나 문장이 떠오르면 곧바로 종이에 적었다. 때로는 문장을 쓰다가 절반쯤 적었을 무렵, 다시 경계에 부닥쳤다는 것을 알아차리곤 했다. 그럴 때면 다시 멈추고 기다렸다. 경계에 계속 머물러 있었다.

마침내 나는 이 불가사의한 한계, 내 지식의 가장자리에서 가로막고 있던 이 불가사의한 벽을 돌파할 수 있었고, 그 너머로 나아갈 수 있었다. 내가 통과해서 앞으로 나아갔다는 것을 알게 된 까닭은, 갑자기 모든 것이 다시 흐르기 시작했기 때문이다. 나는 알면서도 아는 줄 모르고 있던 사실들을 쓰기 시작했다. 문득 이러한 깊은 지혜가 드러날 때면 나는 종이에 써 내려갔고, 마침내 어떤 결론에 도달하곤 했다.

그러한 글들은 그리 길지 않았다. 당시 내가 썼던 글 중에 가장 긴 글은 아마 원고지 7~8장 분량이었을 것이다. 그러니 그것들은 긴 논술이 아니었다. 나는 내가 아는 것을 가장 짧고 가장 간결하게 표현하려 하고 있었다. 글쓰기를 모두 마쳤을 때, 내가 무엇보다 먼저 알아차린 점은 질문이 사라져 버렸다는 것이었다. 또 하나 알아차린 점은, 모든 질문에 대한 답은 결국 동일한 답이라는 사실이었다. 그것은 우리가 저마다 스스로 도달해야 하는 답이며, 스스로 자기탐구 과정을 통해 발견해야 하는 답이다.

그 답은 단순히 "나다(I am)."[1]이다. 내맡김이란 무엇인가? "내가 내맡김이다(I am surrender)." 내맡김은 내가 하는 어떤 것이 아니며, 내가 하는 행동이 아니다. 내맡김은 나 자신의 가장 진실한 존재의 한 표현이다. 어떤 질문이든지 간에 그 질문의 종착점에서 나는 그것을 발견했으며, 똑같은 자리에—마음속의 답이 아니라, 그 모든 것이 "나다"로 끝난다는 생생한 느낌에—도달했다.

모든 것이 똑같은 자리에서 끝난다는 것은 저절로 드러난

---

1 'I am' 이라는 말은 '내가 있다' 는 의미로도, '나는 ~이다' 는 의미로도 쓰일 수 있다. 또한, 나는 모든 것이다, 나는 아무것도 아니다, 나는 늘 현존한다, 나 홀로 존재한다, 나다, 등과 같은 것들도 표현하고 가리킬 수 있다. 하지만 우리말은 언어 구조가 달라서 'I am' 에 똑같이 대응하는 말이 없으므로 적절히 번역하기가 어렵다.

계시였으며, 지적으로는 설명할 수 없는 것이었다. 그렇게 해서 나는 이러한 형태의 탐구에 도달하게 되었다. 일단 글쓰기를 통해 탐구하는 법을 알게 되자, 이후로는 글로 쓰지 않고도 같은 방식의 탐구를 할 수 있게 되었다. 글로 쓰는 것은 나름의 실용적인 가치가 있다. 당신이 무엇을 아는지를 글이 보여주기 때문이다. 마음속으로 계속 생각할 필요가 없다. 하지만 나중에는 종이에 쓰지 않고도 이런 과정을 할 수 있다는 것을 알게 되었고, 그것이 오늘날 내가 가르치는 명상적 자기탐구의 기초가 되었다.

사실은 요즘도 가끔 사람들에게 그러고 싶은 마음이 들면 글을 쓰면서 이 탐구를 해 보라고 권유한다. 그러고 싶지 않은 사람들은 반드시 글로 쓸 필요는 없다. 하지만 에너지와 집중력, 진지함을 가지고 탐구할 필요가 있다. 이 탐구를 효과적으로 하기 위해서는 정말로 알고 싶어 해야 한다. 탐구는 장난감이 아니다. 우리는 정말로 알고 싶어 해야 한다.

# 어떤 것이 영적으로 강력한 질문인가?

　명상적 자기탐구는 영적으로 강력한 질문을 묻는 기술이다. 영적으로 강력한 질문은 항상 우리의 관심을 자기 자신에게로 되돌린다. 왜냐하면 영적으로 깨어나게 하는 데 가장 중요한 것은, 자기 자신이 진정 누구이며 무엇인지를 발견하는 것—에고를 자신으로 동일시하는 이 최면 상태, 이 꿈의 상태에서 깨어나는 것—이기 때문이다. 그리고 이 깨어남이 일어나도록 하기 위해서는, 의식 속에 섬광처럼 번쩍일 수 있는 어떤 변형의 에너지가 필요하다. 그 에너지는 의식으로 하여금 '분리되어 있다는' 최면 상태에서 벗어나 우리 존재의 진실로 깨어나게 할 수 있을 만큼 실제로 충분히 강력해야 한다. 탐구는 이런 영적 통찰이 더 강하게 번쩍일 수 있도록 하는 경험에 능동적으로 참여하는 것이다.

다시 말하지만, 탐구 없이 명상만으로도 일종의 내적 무집착 상태에 이를 수 있다. 다양한 명상 상태에 이를 수도 있다. 그러나 명상 상태에 들어가는 것이 영적 깨어남과 같은 것은 아니다. 우리가 탐구를 이용하는 목적은, 우리의 마음이 집착하고 동일시하는 상태들, 즉 명상적 상태들과 인간으로서 경험하는 다른 모든 상태에서 자유로워지기 위한 것이다.

영적 탐구에서 가장 중요한 것은 올바른 질문을 하는 것이다. 올바른 질문이란 진실로 당신을 위한 에너지를 가진 질문이다. 영성에서 처음에 무엇보다 중요한 것은 "무엇이 가장 중요한 것인가?"라고 스스로에게 묻는 것이다. 당신이 영성에 관심을 갖는 이유는 무엇인가? 당신의 가슴 가장 깊은 곳에 있는 질문은 무엇인가? 그곳에 있어야 한다고 누군가가 말해주는 질문이 아니라, 어떤 질문이어야 한다고 당신이 배운 질문이 아니라……. 그런 질문들 말고, 무엇이 당신 자신의 질문인가? 만약 당신이 명상을 한다면, 왜 명상을 하는가? 당신이 답을 찾으려 애쓰는 질문은 무엇인가?

그 질문이 무엇인지를 진실로, 진짜로 알게 될 때, 그때에야 당신은 자기탐구의 과정을 시작할 수 있다. 고요히, 명상하듯,

그 질문을 자신에게 물어보고, 그 질문이 당신을 어디로 인도
하는지 지켜보라.

# 나는 무엇 또는 누구인가?

　나의 삶에서 내가 가장 관심 있는 것은, 동일시라는 꿈 상태로부터 모든 것이 하나인 진실로 깨어나는 것이다. 영적 교사로서 내 모든 가르침이 중점을 두는 것은 바로 그것이다. 그래서 나는 자기의 참된 본성에 대한 알아차림을 계발하고 깨어남의 에너지를 키우도록 돕기 위한 수단으로 명상적 자기탐구를 이용해 보라고 사람들에게 제안한다.

　하지만 내가 만나는 많은 사람들은 실제로는 자기의 바깥을 바라보면서, 자기의 경험 바깥에 있는 질문들을 묻고 있다. 모두들 "내면을 들여다보라."는 가르침을 듣지만, 많은 사람은 여전히 바깥을 바라보고 있다. 영적인 의문들을 가질 때조차 그들은 자기의 바깥에 초점을 맞출 때가 많다. "신은 무엇인가?" "삶의 의미란 무엇인가?" "왜 내가 여기에 있는가?" 이런 물음들은 인간이라는 존재에게는 타당한 질문일지 모르지만, 자기 자신과 가장 밀접한 질문은 결코 아니다.

우리가 물을 수 있는 가장 밀접한 질문, 가장 큰 영적 힘을 가진 질문은 바로 이것이다. "나는 무엇인가, 또는 누구인가?" 내가 왜 여기에 있는지 궁금해 하기 전에, 질문을 하고 있는 이 '나'가 누구인지를 먼저 알아야만 할 것이다. "신은 무엇인가?"라고 묻기 전에, 내가 누구인지를, 신을 찾고 있는 이 '나' 가 누구인지를 물어봐야만 할 것이다.

나는 누구인가? 이 삶을 실제로 살고 있는 자는 누구인가? 바로 지금, 바로 여기에 누가 있는가? 누가 영적인 길을 가고 있는가? 명상을 하는 자는 누구인가? 나는 정말 누구인가? 영적 자기탐구란 자신이 진실로 누구이며 무엇인지를 스스로 발견하는 것이며, 이런 자기탐구의 여정을 시작하는 것은 바로 이러한 질문들이다.

따라서 첫 번째 단계는 "나는 무엇인가, 또는 누구인가?"와 같은 영적으로 강력한 질문을 갖는 것이다. 두 번째 단계는 그러한 질문을 제기하는 방법을 아는 것이다. 내가 지켜본 바로 는, 영적으로 강력한 질문을 제기하는 법을 아는 사람은 극소

수뿐이었다. 질문을 제기하는 법을 모른다면 우리는 그저 마음속에서 길을 잃고 헤매고만 있을 것이다. 우리는 자신이 누구인지에 관해 끊임없이 생각하기만 하면서 시간을 보낼 수도 있다. 또는 우리가 누구인지, 우리가 왜 여기에 있는지, 이것들이 다 무엇인지에 대한 영적인 이야기들, 철학적인 담론들, 종교적인 대화들을 읽으며 지낼 수도 있다.

우리는 평생 그렇게 허송세월하다가 결국 더 많은 생각들, 더 많은 관념들, 더 많은 믿음들만 얻은 채 생을 마감할 수도 있다. 그것은 우리에게 정말로 필요했던 것, 즉 우리 존재의 진실을 비추어 주는 섬광 같은 인식이 아니며, 섬광 같은 통찰이 아니다. 영적 탐구는 그런 섬광 같은 인식을 기르는 데 실제로 도움이 된다. 그렇다면 우리는 그런 질문을 어떻게 물어야 하는 것일까? 우리가 진실로 무엇인지를 발견하려면 어떻게 해야 하는 것일까?

# 뺄셈의 길

우리는 자신이 무엇인지를 실제로 깨닫기 전에, 자신이 무엇이 아닌지를 먼저 알아야 한다. 그렇지 않으면 우리의 근거 없는 가정들이 탐구 과정 전체에 계속해서 악영향을 끼칠 것이다. 우리는 이것을 '뺄셈의 길'이라 부를 수 있다. 기독교 전통에서는 이것을 '비아 네가티바(Via Negativa)'[2], 즉 '부정의 길'이라고 불렀다. 힌두교 전통의 베단타(Vedanta)에서는 이것을 '네티-네티(neti-neti)'라고 불렀는데, 그것은 "이것도 아니고, 저것도 아니다."라는 뜻이다.[3] 이것들은 모두 뺄셈의 길이며,

---

2 '부정의 길(via negativa)'은 기독교 신앙 전통에서 하느님에 대한 신학적 설명을 "하느님은 ~이 아니다."라는 식으로 기술하는 방법이다. 하느님은 인간의 어떤 긍정적 기술(via positiva: ~이다)로도 잡히지 않는 신비한 존재이기 때문이다.

3 절대적 인식 주체인 브라흐만(Brahman)은 경험의 대상이 아닌 불가해, 불가지의 존재이므로, 오직 부정적 방식으로만 기술될 수 있다고 한다.

우리 자신이 무엇이 아닌지를 알게 됨으로써 우리 자신이 무엇인지를 알게 되는 방법이다.

우리는 자신이 누구라고 하는 가정들을 가지고 있는데, 이 길은 이런 가정들을 살펴보는 것으로 시작한다. 우리 모두는 스스로 가지고 있는지조차 모르는 수많은 가정들을 가지고 있다. 그래서 우선 자기 자신에 대한 가정들 가운데 가장 간단한 것들을 살펴보는 것으로 시작한다. 예를 들면, 우리는 우리의 마음을 살펴보고는 생각들이 있다는 것을 알아차린다. 생각들을 알아차리고 있는 어떤 것 또는 어떤 사람이 분명히 있다. 당신은 그것이 무엇인지는 모를 수 있지만, 그것이 있다는 것은 안다. 생각들은 오고 가지만, 그 생각들을 목격하는 그것은 늘 그대로 있다.

만약 생각들이 오고 간다면, 그것들은 진정한 당신 자신이 아니다. 당신은 당신의 생각들이 아니다. 이 사실을 깨닫는 것이 아주 중요하다. 왜냐하면 대부분의 사람들은 자기가 누구라는 '생각'을 실제 자기 자신이라고 가정하기 때문이다. 그들은 자기의 생각을 자신이라고 믿는다. 하지만 자기의 경험을 조금만 들여다보아도 당신은 자기의 생각들을 보는 목격자라는 사실이 드러난다. 당신이 자기 자신을 무엇이라 생각하든지 간에 그런 생각들은 진정한 당신이 아니다. 생각들을 보고 있는 더 근본적인 무엇인가가 늘 있다.

이와 마찬가지로, 느낌들이 있다. 우리 모두는 행복, 슬픔, 근심, 기쁨, 평화와 같은 감정적인 느낌들을 경험한다. 우리는 몸에서 느낌들을 경험하는데, 그것들은 여기서는 수축되고 저기서는 열려 있는 에너지의 느낌일 수도 있고, 그저 발가락에서 느껴지는 가려움일 수도 있다. 몸에서 느껴지는 다양한 느낌들이 있고, 그러한 느낌들을 보는 목격자가 있다. 당신이 경험하는 모든 느낌을 보거나 알아차리고 있는 어떤 무엇이 있다. 그래서 당신에게는 느낌들이 있고, 느낌들에 대한 알아차림이 있다. 느낌들은 오고 가지만, 느낌들에 대한 알아차림은 늘 그대로 있다. 우리가 경험하는 느낌은 어느 하나도 부정할 필요가 없지만, 우리의 가장 깊고 진실한 정체성은 느낌이 아니라는 사실을 깨닫는 것이 중요하다. 느낌은 우리의 정체성일 수가 없다. 왜냐하면 느낌들이 일어나기 이전에 더 근본적인 어떤 것, 즉 느낌들에 대한 알아차림이 있기 때문이다.

믿음[4]들에 대해서도 마찬가지다. 우리에게는 믿음들이 많이 있고, 그런 믿음들에 대한 알아차림도 있다. 그것들은 영적인

---

4  확실한 근거나 증거 없이 어떤 생각을 진실이라고 믿는 것을 가리킨다.

믿음들일 수도 있고, 주변 사람에 대한 믿음들일 수도 있고, 부모에 대한 믿음들, 자기 자신에 대한 믿음들(대개는 가장 해로운 것이다)일 수도 있으며, 온갖 잡다한 것들에 대한 믿음들일 수도 있다. 믿음이란 우리가 사실일 것이라고 가정하는 생각들이다. 그런데 우리의 믿음들은 우리가 성장함에 따라, 인생을 경험함에 따라 변해 왔음을 우리 모두는 알 수 있다. 믿음들은 오고 가지만, 믿음들에 대한 알아차림은 믿음 이전에도 언제나 있다. 알아차림이 더 근본적이다. 그러므로 우리의 믿음들은 우리 자신일 수 없다는 것을 이제 쉽게 알 수 있다. 믿음들은 우리가 목격하는 어떤 것, 우리가 보는 어떤 것, 우리가 알아차리는 어떤 것이다. 하지만 믿음들은 우리에게 목격자가 누구인지, 알아차리는 자가 누구인지를 얘기해 주지 않는다. 보는 자 또는 알아차리는 자, 목격자는 믿음 이전에 있다.

우리의 에고-개성에 대해서도 똑같이 적용된다. 모든 사람에게는 에고가 있고, 개성이 있다. 우리는 대개 각자의 에고가 우리 자신이며, 각자의 개성이 우리 자신이라고 생각한다. 그러나 생각들, 느낌들, 믿음들과 마찬가지로, 우리의 에고-개성을 보는 목격자가 있다는 사실을 우리는 알 수 있다. '당신'

이라고 불리는 에고-개성이 있고, 에고-개성을 보는 무엇, 에고-개성을 알아차리는 무엇이 있다. 에고-개성에 대한 알아차림은 개성 이전에 늘 있다. 알아차림은 판단 없이, 비난 없이, 개성을 알아차리고 있다.

여기서 우리는 더 밀접한 어떤 것으로 들어가기 시작했다. 대다수 사람들은 자기의 에고나 개성을 자기 자신이라고 믿는다. 그러나 자신의 경험을 조금만 살펴보아도, 개성이 있고, 개성을 보는 목격자가 있다는 것을 알게 된다. 그러므로 당신의 본질적인, 가장 깊은 본성은 당신의 개성일 리가 없다. 당신의 에고-개성은 더 근원적인 어떤 것에 의해 목격되고 있다. 그것은 알아차림에 의해 목격되고 있다.

그리하여 우리는 알아차림 자체에 도달한다. 우리는 알아차림이 있다는 것을 깨닫는다. 모든 사람에게 알아차림이 있다. 만약 당신이 바로 지금 이 글을 읽고 있다면, 실제로 이 글을 받아들이고 있는 것은 알아차림이다. 당신은 당신에게 일어나는 생각을 알아차린다. 당신은 당신이 경험하는 느낌을 알아차린다. 그러므로 알아차림은 명백히 현존한다. 알아차림은 우리가 함양해야 하는 것이 아니다. 알아차림은 우리가 만들어 가야 하는 것이 아니다. 알아차림은 그냥 존재한다. 지금 일어나는 일을 알 수 있게 하고 경험할 수 있게 하는 것은 바로 알아차림이다.

# 누가 알아차리는가?

대개 우리는 무의식중에 "내가 알아차린다."고 생각한다. 내가 알아차리는 사람이며, 알아차림은 나에게 속한 것이라고 생각하는 것이다. 우리는 알아차리고 있는 '나' 라는 어떤 개인이 있다고 추정한다. 그러나 우리가 이 추정을 명상하듯, 고요히, 단순하게 조사해 보면, 알아차림은 있지만, 알아차리고 있는 '나' 개인을 실제로 발견할 수는 없다는 것을 깨닫기 시작한다. '나' 라는 개인이 알아차리고 있다는 가정은 마음이 배워 갖게 된 것이라는 점을 이해하기 시작한다. 당신이 내면으로 방향을 바꾸어, 누가 알아차리고 있는지, 무엇이 알아차리고 있는지를 찾아본다면, '그것' 이라는 개체를 찾을 수 없을 것이다. 그저 더 많은 것을 알아차릴 뿐이다. 알아차리고 있는 '나' 개인은 없다.

이런 식으로 우리는 이 깊은 탐구를 통해 계속 우리의 정체성을 빼낸다. 우리가 무엇이 아닌지를 살펴봄으로써, 우리는 실제로 우리의 정체성을 생각, 느낌, 개성, 에고, 몸, 마음으로부터 빼내고 있다. 우리는 우리의 정체성을 우리 경험의 외적 요소들로부터 빼내어 그것의 본성으로 되돌려 놓고 있다.

우리가 알아차림 자체로 돌아가면, 곧바로 우리는 "내가 알아차리는 사람이다."라는 근본적인 가정과 만나게 된다. 그래서 우리는 그 가정을 탐구한다. 우리가 자신의 경험을 통해 그 가정을 조사해 보면, 우리는 알아차리고 있는 자가 누구인지는 알 수 없다는 것을 번번이 발견한다. 알아차리는 이 '나'는 어디에 있는 것인가? 알아차림을 소유하고 있는 '나'라는 개인을 찾을 수 없다는 것을 깨닫는 순간, 정확히 바로 이 순간, 우리 자신이 바로 알아차림 자체일 수 있다는 것이 이해되기 시작한다. 알아차림은 우리가 가진 것이 아니며, 우리가 소유한 것이 아니다. 사실은 알아차림이 우리 자신이다.

그런데 어떤 사람들에게는, 아마도 대다수 사람들에게는 이 말이 터무니없게 들릴 것이다. 왜냐하면 우리는 자기 자신을 자기의 생각, 자기의 느낌, 자기의 믿음, 자기의 에고, 자기의 몸, 자기의 마음과 동일시하는 데에 너무나 익숙해져 있기 때문이다. 우리는 실제로 자기 자신을 그러한 것들과 동일시하도록 배웠다. 하지만 탐구를 하다 보면 우리는 생각 이전에, 개성 이전에, 믿음들 이전에 어떤 무엇이, 우리가 알아차림 자체라고 부르는 어떤 무엇이 있다는 것을 깨닫기 시작한다. 이런 탐구를 통해서 알아차림 자체가 우리 자신이라는 통찰이 섬광처럼 번쩍일 수 있다.

우리가 알아차림 자체라는 것은 우리에게 생각이 없다는 의미가 아니다. 몸이 없다는 의미도 아니다. 우리는 에고도, 개성도, 믿음도, 다른 어떤 것도 부정하지 않는다. 이것은 우리 인간적 자아의 이 모든 외적 요소들에 대한 부정이 아니다. 우리는 단지 자신의 본질을 발견하고 있을 뿐이다. 몸과 마음, 믿음과 느낌이란 알아차림이 입고 있는 옷과 같고, 우리는 이러한 옷 아래에 무엇이 있는지를 찾고 있는 것이다.

당신은 그동안 자기 자신이라고 생각했던 것이 아니며, 당신의 믿음들이 아니며, 당신의 개성이 아니며, 당신의 에고가 아니라는 사실에 대한 깨달음은 상당한 변화를 가져올 수 있다. 당신은 그런 것이 아닌 어떤 것이며, 내면에, 당신 존재의 가장 깊숙한 핵심에 늘 있는 어떤 것이다. 우리는 그 어떤 것을 우선 '알아차림' 자체라고 부르고 있다. 알아차림은 당신이 소유한 것이 아니며, 훈련할 필요가 있는 것도 아니며, 알아차리는 방법을 배울 필요가 있는 것도 아니다. 이것이 바로 이 통찰의 혁명적인 특징이다. 알아차림은 진정한 당신 자신이며, 당신 존재의 본질이다. 알아차림은 당신 자신일 뿐만 아니라, 다른 모든 존재이기도 하다.

# 초월적 인식

이러한 자기인식은 마음으로는 이해할 수 없다. 그것은 마음이 할 수 없는 도약이다. 마음은 당신이 알아차림이라는 것을 수용할 수도 있고 부정할 수도 있지만, 어느 쪽이든 마음이 정말로 이해할 수는 없다. 마음은 납득할 수가 없다. 생각은 생각 너머에 있는 것을 이해할 수가 없다. 우리가 이것을 초월적 인식, 초월적 계시라고 부르는 것은 바로 이 때문이다.

그것은 사실 분리의 감옥으로부터 자기의 참된 상태로 깨어난 우리의 정체성이다. 이것은 단순하면서도 대단히 심오한 것이다. 어떤 사람들에게는 그런 인식이 번개처럼 순간적으로 번쩍일 수 있는데, 그 순간 자기 자신은 내면에서 항상 지켜보고 있는 이 알아차림이라는 사실을 문득 인식하게 된다. 그 인식은 섬광처럼 번쩍인 뒤 그처럼 금세 사라질 수 있다. 아니면 섬광처럼 번쩍인 뒤 더 오래 지속될 수도 있다. 어떤 사람들에게는 섬광처럼 번쩍인 뒤 계속 유지되어, 그들이 자기의 참된 본성을 언제나 깨닫게 할 수도 있다. 어떤 방식으로 오든 간에, 이것은 마음이 결정하는 것이 아니라는 점을 깨닫는 것이 매우 중요하다. 그것은 섬광처럼 주어지는 계시다.

내가 들려줄 수 있는 가장 간단한 조언 중 하나는, 이러한 뺄셈의 과정, 이러한 조사와 탐구의 과정이 실제로는 (머리가 아닌) 목 아랫부분에서 일어난다는 점을 기억하라는 것이다. 우리는 "나는 무엇인가?" 또는 "나는 누구인가?" 또는 "나는 이 생각인가?"와 같은 질문을 할 수 있는데, 물론 그 질문은 마음에서 나오는 것이다. 그러나 일단 질문을 한 뒤에는, 마음속에 머무르지 않는 것이 아주 중요하다. 우리는 우리의 주의를 목 아랫부분으로 돌려야 한다. 우리는 몸이라고 불리는 이 더없이 훌륭한 도구와 존재의 운동감각을 가지고 있으며, 탐구가 실제로 일어나는 곳은 그곳이다.

이런 탐구의 한 예는 당신이 "나는 무엇인가?"라고 스스로 물었을 때이다. 대부분의 사람들이 처음으로 깨닫는 점은, 자기가 무엇인지를 모른다는 것이다. 그들은 사실 자신이 누구

96

인지 또는 무엇인지를 모른다. 그러면 대다수 사람들은 그 대답을 찾아내기 위해 자기의 마음속으로 들어갈 것이다. 그렇지만 당신의 마음이 가장 먼저 아는 것은, 당신이 모른다는 점이다. 영적 탐구에 있어서 그것은 아주 유익한 소식이다. "나는 내가 무엇인지를 모른다. 나는 내가 누구인지를 모른다."

그렇다는 것을 한번 인식하게 되면, 당신은 그것에 대해 생각할 수도 있고 그것을 실제로 느껴 볼 수도 있다. 자신이 무엇인지 모른다는 것을 자기 존재 안에서 느끼는 것은 어떤 느낌일까? 자신이 누구인지를 알아내기 위해서 내면을 들여다보았는데, '나' 라고 하는 개인을 발견하지 못할 때, 그것은 어떠할까? 그 열린 공간은 어떻게 느껴질까? 자기의 몸에서 그것을 느껴 보라. 그 느낌이 자기 존재의 세포들 속에 기록되게 하라. 이것이 진정한 영적 탐구이다. 이 탐구는 마음속의 추상적인 생각에 불과할 수 있는 것을 매우 직관적인, 매우 운동감각적인, 영적으로 매우 강력한 어떤 것으로 변형시킨다.

# 자연스러운 조화

다시 말하지만, 우리가 비록 우리의 정체성을 생각과 느낌, 개성으로부터 빼내거나 되찾는다 하더라도, 그러한 경험의 외적 요소들을 부정하거나 그런 요소들과 단절되지 않는다는 점을 깨닫는 것이 중요하다. 탐구는 그 어떤 것도 밀쳐 내는 수행이 아니며, 단지 우리의 정체성을 분리라는 꿈에서 깨어나게 하는 방법일 뿐이다. 하지만 꿈에서 깨어났을 때에도 여전히 몸이 있다. 여전히 개성이 있다. 여전히 기본적인 에고의 구조가 있다. 이전과 다른 점이라면, 일단 우리가 자기 자신을 알아차림 자체로 인식하게 되면, 우리의 정체성이 그 본질 안에 머물기 시작할 수 있다는 것이다. 진정한 우리 자신은 더이상 우리의 몸, 마음, 개성, 생각, 믿음들에서 발견되지 않는다. 진정한 우리 자신은 그 근원에서 편히 쉰다.

우리가 우리의 근원에서 편히 쉬고 있을 때, 우리의 몸과 마음, 개성, 느낌은 조화를 이루게 된다. 내가 말하는 조화란 우리가 더 이상 둘로 나뉘어 자기 자신과 대립하지 않는다는 뜻이다. 흔히 에고는 어떤 내적 분열과 불화에 의해 자기의 정체성을 규정하며, 우리 에고들 중 어떤 일부는 우리 에고들의 다른 일부와 전쟁을 하거나 반목한다. 이것은 대부분의 사람들이 인식할 수 있는 사실이다.

우리는 실제 우리 자신일 수 없는 어떤 사람이 되기를 원한다. 우리는 실제 생각할 수 없는 생각들을 생각하기를 원한다. 우리는 우리의 실제 보이는 모습과 다르게 보이기를 원한다. 우리는 실제 우리 자신보다 더 나은 사람이기를 원한다. 우리의 정체성이 에고-개성에 사로잡혀 있을 때, 우리는 이 모든 상충하는 관념들과 느낌들, 감정들을 갖게 된다.

그런데 신비롭게도, 우리가 우리의 정체성을 에고-개성으로부터 빼내게 되면, 에고-개성이 조화를 이루게 된다. 이러한 정신적, 감정적인 힘들은 더 이상 서로 불화를 겪지 않는다. 이런 조화가 금세 가장 깊은 수준으로 이루어지지 않을지는 모르지만, 바로 이 지점에서 여행이 시작된다. 우리는 몸과 마음, 개성과 조화를 이룬다. 왜냐하면 우리가 더 이상 몸, 마음, 개성을 자기 자신이라고 여기지 않기 때문이다.

# 무한한 포용

    자기탐구는 우리 자신이 무엇이 아닌지를 알아차리는 것으로 시작하지만, 거기에서 자기탐구가 끝나는 것은 아니다. '뺄셈의 길' 다음에는 내가 '무한한 포용'이라고 부르는 것이 뒤따른다.

    우리가 우리의 정체성을 생각과 믿음, 개성과 에고로부터 빼내고 더 근원적인 어떤 것이 있음을 이해하고 나면, 정체성은 알아차림 자체 안에서 편히 쉬기 시작한다. 물론 우리는 마음이 "나는 알아차림이다."라고 하는 개념에 지나치게 집착하도록 놓아두지 말아야 한다. 그런 개념은 유용할 수 있지만, 그 개념 역시 스스로를 제한하는 집착이기 때문이다. 물론 자기 자신을 알아차림과 동일시하면, 자기를 어떤 생각의 형태나 에고, 개성과 동일시할 때보다 훨씬 자유로워진다. 다른 모든 사람 역시 알아차림이라고 보는 것도 마찬가지로 자유로움을 준다. 그렇더라도 우리 자신을 어떤 것과 동일시하는 새로운 방식에, 새로운 개념에 갇히지는 말아야 한다.

'알아차림'은 단지 하나의 말일 뿐이다. 알아차림을 가리키는 또 하나의 말은 영(靈, spirit)일 수도 있다. 알아차림(또는 영)은 모양도 없고, 형태도 없으며, 색깔도, 성별도, 나이도, 믿음들도 가지고 있지 않은 어떤 것이다. 그것은 그 모든 것을 초월한다. 알아차림 또는 영은 단순히 우리의 모든 형태를 초월하는 '살아 있음의 느낌'을, '존재함'을 의미한다.

그러니 내가 쓰는 '알아차림'이라는 말은 '영'이라는 말로 바꾸어도 된다. 만약 당신이 내면을 들여다본다면, 알아차림(또는 영)이 생각에 대항하지 않는다는 것을 지금 이 순간 스스로 알 수 있다. 생각이 있지만, 알아차림은 생각에 대항하지 않는다. 느낌이 있지만, 알아차림은 느낌에 대항하지 않는다. 에고-개성이 있지만, 알아차림은 에고-개성에 대항하지 않는다.

알아차림은 어떤 것도 바꾸려 하지 않는다. 알아차림은 어떤 것도 고치려 하지 않는다. 당신은 자기 안에 이러한 알아차림이 현존하며, 이 알아차림은 당신의 인간 됨됨이를 바꾸려 하지 않는다는 것을 점차 알아 갈 수 있다. 알아차림은 당신을 개조하려 하지 않는다. 마찬가지로 중요한 사실은, 그것이 다른 사람들도 개조하려 하지 않는다는 점이다. 이 알아차림은 모든 것을 전적으로 포용한다. 그것은 모든 것이 그냥 있는 그대로 좋은 존재의 상태이다.

역설적이게도, 에고-개성이 조화롭고 평화로워지기 위해서는 자기를 고칠 필요가 없는 이러한 상태를 경험할 필요가 있다. 에고-개성은 자기를 바꾸려 하지 않는 현존을 직접 만나는 경험을 할 필요가 있다. 자기의 참된 본성은 그의 인간성을 변화시키려 하지 않는다는 점을 깨달은 사람들은 놀라워하게 된다. 그럴 때 인간성은 편안히 쉬게 되고, 더 이상 자기의 근원과 분리되었다고 느끼지 않게 된다. 우리는 자기 자신 안에서 하나임을 느끼기 시작한다. 우리는 더 이상 자기의 내면이 분열되어 있다고 느끼지 않게 된다. 왜냐하면 궁극적으로 알아차림(또는 영)과 우리의 에고-개성 사이에는 둘을 나누는 경계선이 없다는 것을 알게 되기 때문이다. 진실로 그 둘 사이에는 분리가 없다.

알아차림 또는 영을 탐구하기 시작하면, 우리는 '그것'이 진정한 우리 자신이라는 것을 인식하기 시작한다. 존재하는 모든 것은 단지 영이 드러난 것임을 알기 시작한다. 당신이 앉아 있는 의자든, 누워 있는 마룻바닥이든, 신고 있는 신발이든, 모든 것은 영의 표현인 것이다. 모든 것은 영의 표현이다. 바깥의 나무들이든, 하늘이든, 모든 것은……. 마찬가지로, 당신이 '나'라고 부르는 몸, 마음, 에고, 개성 역시 그 모두는 영의 표현이다.

이러한 다양한 형상들을 자기 자신이라고 여기게 되면, 그 결과는 고통이다. 그러나 탐구와 명상을 통해서 우리의 근원인 알아차림이 우리 자신임을 깨닫기 시작하면, 이제 모든 것이 다 그 안에 포함된다. 모든 것이 영의 표현으로 보이기 시작하며, 여기에는 당신의 인간성도, 그 모든 장점과 단점들, 그 모든 이상하고 사소한 버릇들까지도 예외 없이 포함된다. 당신은 자기의 인간성이 내면의 신성(神性)과 결코 분리되어 있지 않으며, 그 신성이 바로 진정한 자기 자신이라는 것을 깨닫게 된다.

나는 이것을 '무한한 포용'이라고 부른다. 왜냐하면 우리의 가장 진실한 본성은 우리의 인간 경험 전체를 포함하며, 우리의 몸과 마음, 개성이란 단지 영의 확장(extension)에 불과하다는 것을 우리가 깨닫기 시작하기 때문이다. 그것은 영이 시간과 공간의 세계로 들어오는 방식이다. 그러므로 인간의 몸-마음이란 영이 시간과 공간 속으로 확장된 것이다.

부디 이것을 마음으로 이해하려 하지 말기 바란다. 이것은 정말 마음으로 이해할 수 있는 것이 아니다. 이러한 앎은 우리 내면의 더 깊은 지점, 더 깊은 자리에 존재한다. 다른 무엇이 이해하고, 다른 무엇이 안다.

# 당신에게 변함없이 남아 있는 것을 알아차려라

　우리가 알아차림 자체라는 이러한 인식은 어떤 사람들에게는 상당히 추상적인 얘기로 들릴 것이다. 하지만 그렇다는 것을 깨달은 사람들에게는 전혀 추상적인 것이 아니다. 그것은 그들의 생생한 경험이다. 그 인식이 추상적인 것으로 느껴진다면, 아주 간단한 실험을 해 보라. 자신에 관한 것들 중에서, 지금까지 살아오는 동안 언제나 있었던 것이 무엇인지 살펴보라. 당신의 나이가 아무리 많든 적든, 지금까지 살아오면서 모든 것이 변했다는 것을 알아차려 보라. 당신의 몸이 변했고, 마음이 변했고, 에고가 변했고, 믿음들도 변했고, 개성도 변했다. 그 모든 것은 오랜 세월에 걸쳐 끊임없이 변화하는 상태에 있었다.

그러나 말을 배운 뒤로 줄곧 당신은 언제나 당신 자신을 '나'라고 가리켰다. "나는 이런 사람이다. 나는 저렇게 생각한다. 나는 이것을 믿는다. 나는 저것을 믿는다. 나는 이것을 원한다. 나는 저것을 원한다." 다른 모든 것이 변했고 계속해서 변하고 있지만, 당신이 가리키는 '나'는 항상 거기에 있었다. 당신이 '나'라고 말할 때, 지금의 그것은 당신이 어린아이였을 때와 똑같은 '나'다. 외적인 것들은 변했다. 생각들은 변했다. 몸은 변했다. 느낌들은 변했다. 하지만 '나'는 변하지 않았다.

직관적 통찰에 따르면, 예전 그대로 변함없이 존재하는 앎(knowing)이 있으며, 당신은 '나'라고 말할 때마다 그것을 가리키고 있다. 그렇다는 것을 당신이 인식하지 못하고 있을 때에도, 그것은 늘 당신의 신성한 부분이다. 그것은 성스러운 부분이다. 그것은 당신의 본성이다. 하지만 그 '나'는 모습도 없고 형태도 없다. 알아차림과 영의 성질이 원래 그렇다. 그래서 이 '나'라는 감각이 처음부터 언제나 있었다는 사실을 누구나 스스로 자기 안에서 알아차릴 수 있다.

하지만 이 '나'는 마음이 생각하는 그런 '나'가 아니다. 명상적 자기탐구는 이 '나'가 진실로 누구이며 무엇인지를 스스로 발견할 수 있게 해 준다. 내가 그것을 '명상적 자기탐구'라고 부르는 까닭은 그것이 매우 경험적이기 때문이다. 그것은 철학적인 것이 아니다. 지적인 것도 아니다. 여기서 '명상적'이라는 말은 '경험적'이라는 뜻이다. 탐구는 오로지 명상적일 때에만, 즉 우리가 우리의 경험을 꾸준하고 집중적이고 고요한 방식으로 바라보고 있을 때에만 힘이 있다.

어느 누구도 이러한 섬광 같은 인식을 억지로 만들어 낼 수는 없다. 그런 인식은 자연스럽게 일어난다. 저절로 일어난다. 하지만 이 섬광 같은 인식이 일어날 수 있는 조건을 만들고 기반을 가꾸는 것은 우리가 할 수 있는 일이다. 우리는 우리의 마음을 더 깊은 가능성들을 향해 열어 놓을 수 있으며, 우리가 정말로, 진실로 무엇인지를 스스로 탐구할 수 있다.

우리의 본성에 대한 이러한 깨어남이 일어날 때, 그 깨어남은 잠시 동안 일어날 수도 있고, 더 긴 시간 동안 일어날 수도 있으며, 영구적으로 일어날 수도 있다. 어떤 방식으로 일어나든 그런 깨어남은 더없이 좋다. 당신은 당신이다. 어떤 경험을 하더라도 당신은 진정한 자기 자신을 잃어버릴 수 없다. 설령 당신이 어떤 열림을 경험하고 자기의 본성을 깨달았지만 나중에는 그것을 잊어버렸다는 생각이 들더라도, 당신은 아무것도 잃어버린 적이 없다.

　그래서 나는 권유한다. 언제나 더욱더 깊이 쉬고, 어떤 통찰이나 경험을 붙잡으려 하지 말고, 고수하려고 애쓰지도 말고, 대신에 항상 밑바탕에 있는 실재를, 결코 변하지 않는 그것을 인식하기를……. 20세기의 위대한 인도 성자 라마나 마하리쉬(Ramana Maharshi)는 "오는 것은 오게 놓아두고, 가는 것은 가게 놓아두어라. 그리고 변함없이 남아 있는 것을 발견하라."고 말했다. 명상적 자기탐구는 변함없이 남아 있는 것, 언제나 있는 것을 발견하는 방법이다.

# 불가사의 속으로

명상적 자기탐구를 하기 위해 어떤 정해진 자세로 앉을 필요는 없다. 우리는 언제 어디서나 "나는 무엇인가?"라고 질문할 수 있다. 이를테면 "지금 무엇이 자동차를 운전하고 있는가? 지금 무엇이 이 차를 마시고 있는가? 지금 무엇이 이 글을 읽고 있는가?"라고 물을 수 있는 것이다. 이것은 아주 단순한 질문이다. "나는 무엇인가? 생각이나 기억이 아니라면, 나는 무엇인가? 그 모든 것의 배후에 있는 나는 무엇인가?"

마음이 이와 같은 질문을 할 때, 마음은 내면을 바라본다. 그럴 때 마음은 무엇을 발견할까? 마음은 아무것도 발견하지 못한다. 마음은 새로운 누구를 발견하지 못한다. 왜냐하면 새로운 누구도 단지 또 하나의 생각이나 또 하나의 이미지에 불과할 것이기 때문이다.

그러므로 마음은 내면을 들여다보고는 "나는 모른다."고 정직하게 말한다. 이것은 마음에게 대단히 불가사의한 순간이다. 이 순간, 당신은 실제로 모름의 상태에 있다. 당신은 당신이라는 관념이 아니라, 당신이라는 불가사의와 연결된다. 명상적 자기탐구는 당신이라는 불가사의에 놀랍도록 빨리, 거의 즉각적으로 접하게 해 줄 수 있는 방법이다. 그것은 아주 빨리, 아주 효율적으로 당신을 그 '알 수 없는 것' 으로 되돌아가게 한다.

그리고 일단 거기에 도달하게 되면, 거기에 계속해서 머무를 수 있다. 당신은 '알 수 없는 것' 을 감지할 수 있고, '알 수 없는 것' 을 신체 내부의 감각으로 느낄 수 있으며, '알려지지 않은 것' 의 현존과 함께 머무를 수 있다. 이런 식으로, 명상적 자기탐구는 금세 당신을 열려 있음으로, 거대한 깨어 있는 공간으로 데려간다. 그리고 물론 영적 깨달음이란 당신 자신이 바로 그 공간이라는 깨달음이다.

# 진정한 영적 여정의 시작

영적 여정의 시작을 나는 '깨어남 이후의 삶'이라고 부른다. 그것은 자신을 분리된 에고로 여기면서 사는 삶, 에고적 인격이라는 환상 속에서 사는 삶이 아니라, 우리의 참된 본성이 알아차림이라는 것을 의식적으로 인식하며 사는 삶이다. 그것은 진실로 새로운 삶이다. 그것은 시작이다. 그것은 생각과 느낌, 에고적 인격을 자기라고 믿는 동일시의 끝이다. 하지만 어떤 사람들이 생각하는 것과는 달리, 그것은 영적 여정이 끝나는 지점이 아니다. 그것은 사실 진정한 영적 여정의 시작이며, 새로운 방식으로 살아가는 삶의 시작이다. 또한 자신이 인간으로 표현되는 영(靈)임을 인식하며 살아가는 것이 어떠한지를 계속해서 발견해 가는 삶의 시작이다.

진정한 자신이 누구이며 무엇인지를 깨닫는 것, 이것이 바로 영성의 핵심이다. 오랫동안 많은 사람들을 만나 지도하면서, 나는 깨어남에 이르는 가장 유용하면서도 강력한 두 가지 요소를 발견했다. 첫째는 명상적인 태도를 개발하는 것이다. 명상적인 태도란 아주 깊은 수준에서 통제를 포기하고 모든 것을 있는 그대로 내버려두는 것이다. 둘째는 우리 자신의 타고난 호기심과 지성을 가지고 명상적 자기탐구에 진지하게 몰두하는 것이다.

이 둘 중 어느 하나만으로는 불완전할 수 있다. 명상과 분리된 탐구는 관념적이고 추상적일 수 있다. 탐구와 분리된 명상은 갖가지 영적 상태들 속에서 길을 잃게 할 수 있다. 이 둘은 함께 결합할 때 우리의 참된 본성을 섬광처럼 인식하는 데 필요한 에너지, 필요한 추진력을 우리에게 제공한다. 그리고 결국 그것이 영성에 관한 모든 것이다.

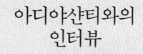

# 아디야샨티와의
# 인터뷰

나는 아디야샨티와 함께하는
5일간의 수련회에 처음으로 참석하여
명상에 대한 그의 혁명적인 접근법을 맛볼 수 있었다.
다음 인터뷰는 이 수련회가 끝난 뒤에 이루어졌다.

**타미 사이먼** 아디야, 당신은 15년간 선(禪) 수행자였습니다. 그런데도 당신이 했던 명상 수행, 즉 좌선하는 자세로 앉아서 긴 시간 명상하는 것을 벽에다 머리를 쿵쿵 찧는 것에 비유합니다. 하지만 그동안 했던 선 수행이 당신이 깨어나도록 준비되는 데 실질적인 도움을 주었고, 당신이 지금 가르치는 통찰들을 제공했던 것은 아닐까요? 그럴 수 있다고 생각하지 않으십니까?

**아디야샨티** 그럴 수도 있습니다. 무엇이든 가능하죠. 그렇지만 제 경험으로는, 선 수행이 저를 위해 실제로 해 준 일은 결국에는 실패한 길을 제공한 것이었습니다. 그것은 실패로 가는 길이었어요. 방석은 제가 저 자신과 영적인 전쟁을 벌이는 곳이었습니다. 저는 깨달음을 얻기 위해 애를 쓰고 있었고, 방석은 저의 개인적인 의도가 점차 소진되는 곳이었습니다. 그런 의미에서는 과거를 돌아볼 때 그 전투에 그렇게 열심히 참여하는 것이 저에겐 필요했다고 말할 수 있습니다. 그래야 실패할 수 있으니까요. 저는 그 영적 전투에서 이기지 못할 것이라는 점을 분명히 깨달았고, 마침내 그것을 놓아 버렸습니다. 그런 의미에서는 선을 수행했던 시간들이 꽤 쓸모가 있었습니다. 하지만 그렇다고 해서 모든 사람이 그러한 길을 가야 한다고 말한다면 그것은 대단히 오도하는 말이 됩니다. 우리 모두는 저마다 자기의 길을 갑니다.

**타미** 당신의 선(禪) 스승은 아비스 저스티(Arvis Justi)였죠. 그런데 저는 그녀의 이름을 들어 본 적이 없습니다.

**아디야** 그녀를 아는 사람은 거의 없죠. 그녀는 지난 세기에 일본에서 미국으로 건너온 다수의 초기 선사들, 주로 야스타니 노사(老師)와 마에즈미 노사 문하에서 수행했습니다. 미국으로 이주해 온 1세대 선사들 중에는 훌륭한 선사들이 많았는데, 이들이 미국으로 건너온 이유는 일본에서는 선(禪)이 매우 관습적이고 제도화되었기 때문입니다. 일본에서는 미국에서 일부 기독교인들이 교회에 가는 방식으로 선불교 사원에 갑니다. "일요일이니 선원에 가서 명상을 하자." 이런 식이죠. 그래서 미국으로 건너온 이런 초기 선사들은 과거의 때가 묻지 않은 신선한 사람들을 찾고 있었습니다. 아주 진지한 사람들을 찾고 있었던 거죠. 물론 우리가 실제로 깨어나서 사람들을 가르치게 된다면, 우리 역시 바로 그것을 원하게 될 겁니다. 정말로 진지한 사람들을 가르치는 것 말이죠.

그 당시에는 미국에 선불교 사원이 거의 없었습니다. 그래서 40여 명의 사람들이 수행을 하기 위해, 캘리포니아 북부에 있는 제 스승의 집을 가득 메우곤 했어요. 사람들은 잔디밭이나 사방 여기저기에 흩어져 자곤 했습니다. 얼마 지난 후에 제 스승의 스승께서 그녀에게 말씀하시기를, "그대는 나 없이도 이끌 수 있다. 이제 그대가 스스로 이것을 가르쳐라."고 했습니다. 그뿐이었습니다. 어떤 종류의 전통적인 전법(傳法) 의식도 없었어요. 제 스승은 진리에 대한 안목이 분명했습니다. 그녀는 선사가 되기 위해서 머리를 깎아야 한다고는 생각하지 않았습니다. 그 당시 그녀는 나이 많은 여성으로서 다섯 명의 자녀를 양육하고 있었는데, 비록 전통적인 방식으로 선을 수행할 수는 있지만 그럴 필요가 없으며 그런 방식에 끌리지도 않는다는 것을 깨달았습니다.

그녀는 자신의 집에서 가르쳤고, 결코 자기를 홍보하지 않았습니다. 초기에는 매주 일요일 아침마다 거실에 방석들을 마련해 놓고 앉아 있었지만, 1년 반 동안 아무도 찾아오지 않았죠. 매주 방석을 꺼내 놓고 이야기를 나눌 준비를 했습니다. 그녀는 가만히 앉아 있었고, 아무도 찾아오지 않았습니다. 광고를 하지 않는데 누가 참석하겠습니까? 하지만 그녀는 이런 절대적인 헌신으로 계속 그렇게 했습니다. 1년 반이 지난 뒤에 한 사람이 참석했습니다. 그래서 그녀는 그 사람과 함께 일 년 동안 매주 앉았죠. 그 뒤에 다른 사람이 참석했고, 그런 식으로 일이 진행되어 갔습니다. 그녀는 결코 사람들에게 알려지기 위해 노력하지 않았고, 진실로 자기 자신을 스승이라고 여기지도 않았습니다. 그녀는 아주 겸손한 사람이었어요.

그 즈음 미국에서 선이 알려지기 시작했고, 저 같은 사람들은 승복과 사원, 의식, 소품들에 매료되었습니다. 그런데 여기 뒷문을 통해 당신을 자신의 집으로 맞이하는 이 작고 나이 많은 여성이 있는데, 그녀는 평범한 옷을 입고 있고, 당신이 그 집의 거실에 들어가서 자리에 앉는다고 상상해 보세요. 겉보기에는 인상적인 게 하나도 없었어요. 사실, 그녀의 제안으로 어느 사원에 가서 장기 수련회에 참석하기 전에는 그녀가 제공하고 있던 것들을 제대로 알아보지 못했죠. 난생처음 참석했던 그 수련회는 아주 철저하고 엄격하게 진행되었는데, 수련회에서 돌아왔을 때 저는 말 그대로 깜짝 놀랐습니다. 저는 생각했어요. "맙소사, 거기 있는 것이 여기에도 있고, 오히려 훨씬 많이 있구나. 일요일 아침마다 오는 이 작은 여성의 거실과 주방에는 내가 수련회에서 열심히 수련했을 때만큼이나, 아니 오히려 더 많은 다르마(dharma, 法)가 있어." 표현하기는 어렵지만, 그것은 상당히 충격적이었습니다. 그녀는 너무나 겸손했기 때문에 대다수 사람들이 그것을 알아차리지 못했던 것 같아요. 그들은 그녀를 알아보지 못했고, 그녀의 진짜 모습을 알아보지 못했으며, 그녀가 제공할 수 있었던 것들도 놓쳤습니다.

**타미** 당신은 글쓰기 실험과 참된 명상에 관해 알게 된 것들을 바탕에 두고 자기만의 방식으로 가르치고 있습니다만, 그래도 자신이 이 계보(系譜)의 일부를 이룬다고 생각하십니까? 그녀의 계보를 잇고 있다고 느끼십니까?

**아디야** 정말 그렇게 느낍니다. 그녀는 제 가슴 깊이 자리하고 있죠. 저는 그녀가 속한 계보의 일부라고 느낍니다.

그녀는 처음 가르치기 위해 앉았던 날에 대해 얘기해 주었습니다. 물론 아무도 찾아오지 않았죠. 하지만 그녀는 앉았고, 매주 일요일 아침마다 거실에 계속 앉았습니다.

한번은 어떤 사람이 "세상에, 참 외로웠겠네요. 힘들었겠어요."라고 말하자, 그녀는 말했습니다. "그렇지 않았어요. 그 자리에 앉아 있을 때마다 저는 저보다 앞선 이 계보의 계승자들을 실제로 보는 것처럼 느낄 수 있었습니다. 그분들을 느낄 수 있었어요."

제가 선생이 되어 지도했던 첫 번째 수련회에서 자리에 앉아 있을 때 저도 정확히 똑같은 경험을 했던 것을 기억합니다. 이것을 전해 주기 위해 깊은 자비심으로 최선을 다했던 분들이 이어 온 아주아주 긴 계보, 그 빙산의 끝에 제가 있는 것처럼 느껴졌습니다. 그래서 제가 그 계보의 일부라고 느낍니다. 저는 그녀에게서 깨어남만이 아니라 인간으로서 그녀의 놀라운 정직함까지 전수받았는데, 그 전수는 아주 친밀하게 느껴집니다. 그것은 어떤 에너지적인 방식으로 저에게 직접 주어진 것처럼 느껴집니다. 그녀는 대단히 정직할 뿐만 아니라 대단히 너그럽기까지 했습니다. 조금도 꾸밈이 없었고, 어떤 식으로든 거짓된 것은 전혀 없었습니다. 그 정직함이 서서히 제게 스며들었다는 것을 깨닫는 데는 긴 시간이 걸렸습니다. 저에게는 그녀에게 있던 것만큼의 너그러움은 없지만, 제 몸속에는 그녀의 정직함으로 느껴지는, 에너지적으로 그녀의 것처럼 느껴지는 자리가 있는 것 같다는 느낌이 듭니다. 아마 다른 무엇보다도 그것이야말로 그녀가 제게 준 것일 겁니다.

**타미** 당신이 가르치는 길은 당신을 지금 있는 곳으로 인도한 길이 아닌데, 그 점에 대해서는 어떻게 생각하십니까?

**아디야** 전혀 상관하지 않습니다. 그리고 제가 가르치는 길은 저를 지금 있는 곳으로 데려다 준 바로 그 길입니다. 제가 이끄는 수련회에서 우리는 언제나 하루에 대여섯 번씩 고요히 좌선을 합니다. 그러나 저의 영성이 정말로 비약하기 시작한 것은 명상 수행에만 전적으로 의존하지 않을 때부터였습니다. 계속 명상을 한 것은 사실이지만, 근본적인 전환이 일어난 시점이 있었고, 그 후로는 더 이상 수행에만 전적으로 의존하지는 않았습니다. 명상 자체만으로는 효과가 없었다는 것을 알게 되었기 때문입니다. 그 뒤 저는 명상을 전적으로 거부하지는 않았지만, 탐구라는 다른 요소를 실천하기 시작했습니다. 모든 것에 대해 근본적으로 질문하기 시작했어요. 모든 것을 매우 깊이, 매우 집중적으로 살펴보기 시작했죠.

그러자 늘 그렇듯이 깨어남이 자연스럽게 뒤따랐습니다. 깨어나는 방법에는 ABC가 없습니다. 하지만 되돌아보면, 저는 두 가지를 봅니다. 하나는 가만히 있음과 침묵이고, 다른 하나는 자신에게 가차 없이 정직하고, 자신을 속이지 않으며, 모르는 것을 안다고 스스로에게 말하지 않으며, 자신의 방식으로 계속 탐구하는 능력입니다. 얼마 지나지 않아 이 두 가지 접근법은 함께 어우러져 저의 영적인 길이 되었습니다. 그리고 이두 가지를 결합한 것이 바로 제가 가르치는 것입니다.

**타미** 그런 의미에서 당신은 어떤 하나의 길을 가르치고 있는 건가요?

**아디야** 그렇습니다. 길 없는 길이죠(웃음). 하지만 예, 그것을 길이라고 부를 수도 있습니다. 그것은 '하나 더하기 둘은 셋이 되는' 것과 같은 길은 아니며, '계속 걸어가면 산의 정상에 도달하게 되는' 것과 같은 길도 아닙니다. 그러한 의미의 길은 아닙니다. 그것은 특별히 향상되어 간다는 느낌을 주는 길이 아닙니다. 그것은 경험과 함께하는 길입니다. 그것은 개인적인 자기를 실제로 떼어 내는 길, 자기 자신과 함께하는 길입니다. 당신이 알든 모르든, 의식하든 못하든, 그 길은 당신을 실제로 해체하고 있습니다. 침묵이 당신을 해체합니다. 하지만 대부분의 사람들에게는 침묵만으로는 충분하지 않습니다. 명상하는 것만으로는 충분하지 않습니다. 더욱 능동적으로 해체하는 방법이 있는데, 직접 질문하고 탐구하는 길이 그것입니다.

**타미** 수련회에서 당신은 "나는 무엇인가?"라는 질문을 이용하여 탐구하도록 사람들에게 자주 제안합니다. 저는 이전에는 그러한 제안을 들어 본 적이 없습니다. 자기탐구를 가르치는 대부분의 스승들은 제자들에게 "나는 누구인가?"라는 질문을 가지고 탐구하도록 제안하죠.

**아디야** "나는 누구인가?"라는 질문은 제게 효과가 없었습니다. 어떤 사람들에게는 그 질문이 좋은 효과를 발휘하겠지만, 저의 경우 "나는 누구인가?"라는 질문은 어떤 개인의 존재를 암시하기 때문입니다. "나는 무엇인가?"라는 질문이 제게는 더 제한 없이 열려 있는 질문으로 느껴집니다.

**타미** 당신은 사람들이 수련회에 와서 고요히 좌선하는 시간에 구부정한 자세로 앉아 있더라도 신경 쓰지 않으십니까? 그런 자세로 있는 것은 그동안 제가 했던 수많은 수련과 어긋납니다. 그래서 그 점이 궁금하군요.

**아디야** 그것은 제가 했던 수많은 수련과도 어긋납니다.

**타미** 그렇다면 어째서 그러한 자세에 신경 쓰지 않으십니까?

우리는 활짝 열려 있으면서 정신을 바짝 차리고 신체의 에너지 통로가 자유롭게 흐를 수 있는 그런 방식으로 앉아 있어야 하지 않을까요?

**아디야** 아뇨, 그렇지는 않습니다(웃음). 제가 그렇게 말하는 이유는 많은 사람들이 구부정하게 앉아 있다가 깨어나는 것을 보았기 때문입니다(웃음). 그리고 저는 언제나 제가 관찰하는 것, 제가 직접 경험하는 것을 이용합니다. 깨어남이 일어나도록 하기 위해서는 연꽃 자세로 앉아야만 하고 척추를 곧추 세워야만 하는 걸까요? 아닙니다. 어떤 전통에서 말한 것들에 귀 기울이는 대신, 실제로 일어나는 일을 그저 관찰했을 때, 그저 지켜보았을 때, 그중 어떤 것도 깨어남을 위해 필요한 것은 아니라는 점이 제게는 분명해졌습니다.

꼿꼿한 자세로 앉아 있는 것이 어떤 일들에 쓸모가 있을까요? 물론 어떤 일들에는 쓸모가 있습니다. 당신이 말씀하신 것처럼 그런 자세는 특정한 에너지 통로를 열 수도 있고, 그 자체로 더욱 열린 자세인 특정한 자세들이 있습니다. 사실입니다. 하지만 제가 선(禪) 수련을 하면서 발견한 점은, 많은 사람들이 정확한 자세에 지나치게 열중한 나머지, 비록 그들이 매우 열린 자세—정확한 수인(手印, mudra)을 한 연꽃 자세—로 앉아 있다 하더라도, 비록 외적으로는 모든 것이 옳다 하더라도, 그들의 내면적 태도는 사실 매우 굳어 있었고 매우 닫혀 있었다는 것입니다.

저는 중요한 것은 태도라는 점을 알게 되었습니다. 만약 태도와 몸의 자세가 하나라면, 그런 자세는 효과가 있습니다. 하지만 몸의 자세가 지나치게 강조되면, 자세는 옳을지 모르지만 태도는 열려 있지 않은 경우가 허다합니다. 모든 힘을 가진 것은 내적인 태도입니다. 바른 자세를 갖추면 바른 태도도 따라온다는 가르침이 있습니다만, 꼭 그렇지는 않습니다. 적어도 대부분의 사람들에게는 그렇지 않습니다.

**타미** 많은 명상 지도자들이 초보 수행자들에게 일종의 집중 수행을 가르칩니다. 그 뒤 일단 기초적인 집중 수행에 익숙해지고 나면, 그들은 어느 정도 긴장을 풀고 탐구할 기회를 갖게 됩니다. 많은 명상 지도자들이 집중하는 수련을 먼저 가르치는 까닭은, 그렇게 하지 않으면 초보 수행자들이 명상을 하는 대신 생각에 빠져 헤매면서 시간을 허비해 버릴까 봐 염려하기 때문이라고 생각합니다.

**아디야** 아마 그럴 겁니다.

**타미** 그런 수련을 받지 않은 사람들은 당신의 수련회에 참석하여 자리에 앉아 있는 동안 생각에 빠져 헤맬 수 있는데, 그런 점이 걱정되지는 않습니까?

**아디야** 수련회에 참석하는 사람들 중에는 명상을 해 본 적이 없는 사람들도 있고, 어느 명상 전통에 속해 있는 사람들도 있습니다. 어느 쪽이든 제가 가르치는 것을 그들이 이해하는 데는 어느 정도 시간이 걸릴 수 있습니다. 그리고 물론, 사람들이 조작하기를 멈추면 그들의 마음은 한동안 미쳐 날뛰는 듯한 상태가 될 때가 많습니다. 그래서 수련회를 하는 동안 사람들은 자기의 생각들을 통제할 어떤 수단을 찾기 위해 저를 찾아오곤 합니다. 하지만 그들이 조작하지 않는 상태를 계속 더 고수하면—보통은 몇 년이나 몇 달까지 걸리지는 않습니다—마침내 자연스럽게 평온해지기 시작합니다.

물론 사람들은 제게 묻습니다. "제가 만트라를 외워도 될까요? 제 호흡을 지켜봐도 될까요?" 그러면 저는 말합니다. "그럼요. 도움이 된다면 그렇게 하세요. 당신에게 효과가 있다면 가서 그렇게 하세요. 다만 차츰차츰 조금씩 줄여 가는 방향으로 나아가세요."

비록 그동안 배운 집중 수행을 나중에는 놓아 버려야 한다는 것을 이론적으로는 알고 있더라도, 대부분의 사람들은 실제로 놓아 버리지는 못합니다. 만약 당신이 자기의 경험을 조작하도록 십 년 동안 스스로를 훈련시킨다면, 조작하는 버릇은 당신의 의식 속에 뿌리 깊은 습관으로 남아 있게 됩니다. 그 버릇을 놓아 버리는 것은 정말로 몹시 어려울 수 있습니다. 이론적으로는 그렇게 해야 한다고 알고 있더라도, 실제로는 그렇게 되지 않는 경우가 많습니다.

사람들은 두려움이 있는 것 같고, 확실히는 알 수 없지만 지도자들 중에도 두려움이 있는 분이 있는 것 같습니다. 사람들의 마음이 한동안 미쳐 날뛰도록 완전히 내버려두면, 그리고 사람들이 자기의 경험을 조작하지 않도록 완전히 허용해 버리면, 그들의 마음이 언제까지나 멈추지 않을지도 모른다는, 아니면 그들이 어딘가에서 길을 잃게 될지도 모른다는 두려움 말입니다. 하지만 제가 진실로 계속해서 거듭거듭 확인하는 것은, 그럴 때 자연스러운 상태가 회복되기 시작한다는 점입니다.

슌류 스즈끼 선사(禪師)는 황소를 통제하는 가장 훌륭한 방법은 황소에게 아주아주 넓은 들판을 주는 것이라고 말했습니다. 울타리를 너무 좁게 치지 마십시오. 어떤 의미에서는 제가 하고 있는 일이 바로 그것입니다. 한없이 넓은 들판을 만들어

놓으면 결국 마음도 도망치려 하지 않을 것입니다. 그것은 사람들에게 익숙하지 않은 과정입니다만, 저는 사람들이 수련회에 와서 하루나 이틀, 사흘, 때로는 나흘 안에 자연스럽게 이완되고 고요해지는 것을 계속해서 목격합니다.

**타미** 잘못하면 사람들이 명상은 안 하고 생각에 빠져서 멍한 채로 시간을 보낼 수도 있는데, 그런 점이 걱정되지는 않으십니까?

**아디야** 걱정하지 않습니다. 저는 이런 면에서 많은 지도자들과 다른 것 같습니다. 저는 저 자신을 결코 누군가의 학교 선생님이나 부모라고 여기지 않습니다. 제가 여기에 있는 까닭은 깨어남에 대해 정말로, 실제로 진지한 사람들과 얘기하기 위해서입니다. 만약 그들이 그러한 진지함을 이미 갖추고 있지 않다면, 그들은 엉뚱한 사람과 함께 있는 셈입니다. 왜냐하면 저는 그들에게 진지함을 주지 않을 것이고, 그들이 진지한 척 가장하도록 만들기 위해 많은 에너지를 투입하지도 않을 것이기 때문입니다. 많은 전통에서는 스승이 제자들을 진지하게 만들기 위해 노력한다는 것을 저도 압니다. 그렇게 하는 것은 잘못이라고 말하는 것이 아닙니다. 그저 저에게는 그런 노력이 일어나지 않을 뿐입니다.

만약 당신이 진지하다면, 그 진지함은 당신의 인생에서 정말로 강력한 힘이 될 것입니다. 만약 당신이 진지하지 않다면, 모든 신체 자세들과 모든 이런저런 것들은 실제로는 그다지 큰 효과를 보지 못할 것입니다. 만약 당신이 원하는 바가 하루 종일 야외용 의자에 앉아서 구름을 쳐다보는 것이라면, 당신은 그것을 얻게 될 것입니다. 무슨 뜻인지 아시겠습니까? 만약 당신이 하고 싶은 일이 그것이라면, 당신이 하게 될 일은 바로 그것이라는 말입니다. 만약 제게 묻는다면, 저는 그것이 진지한 태도라고는, 그것이 깨어남으로 이끌어 준다고는 말하지 않을 것입니다. 그렇지만 저는 사람들이 다른 걸 원하도록 바꾸려 하지는 않습니다.

저는 여기에 있고, 만약 당신이 정말로 진실을 원한다면, 우리는 함께 얘기할 것이 있습니다. 진지함은 전적으로 당신에게 달려 있습니다. 그것은 저에게 달린 일이 아니라, 당신에게 달린 일입니다. 당신은 자신의 진지함에서 나오는 이것을 가지고 헤엄을 치거나, 아니면 가라앉을 것입니다. 만약 당신이 그것을 가지고 있다면, 좋습니다. 만약 당신이 그것을 가지고 있지 않다면, 저는 당신을 구해 주지 않을 것입니다. 그런 의미에서 저는 정말 보모 노릇을 하지 않습니다.

**타미** 진실에 대한 탐구에서 자신이 진지한 부분도 있지만 진지하지 않은 부분도 있다고 느끼는 사람들에게는 어떤 말씀을 해 주시겠습니까?

**아디야** 아마 대부분의 사람들이 탐구를 시작할 때는 실제 그런 식으로 느낄 겁니다. 그들은 자신이 그렇게 분열되어 있다고 느낍니다. 그런 사람들에게 제가 흔히 권하는 것은, 자기의 내면을 들여다보면서 자신이 정말로, 정말로 원하는 것이 무엇인지를 충분히 깊이, 아무 제한 없이 탐구해 보라는 것입니다. 자신이 무엇을 원하는지를 가정하거나 추측하지 말라고 합니다. 자신이 마땅히 원해야 한다고 생각되는 것, 또는 자신이 마땅히 원해야 한다고 어느 가르침에서 말한 것을 자신이 정말 원하는 것이라고 여기지 말라고 말합니다. 당신이 정말로, 정말로, 정말로 원하는 것이 무엇인지를 정말로 살펴보기 바랍니다.

이러한 탐구는 오로지 '……해야 한다'는 생각이 없을 때만, 자신이 무엇을 원해야 한다는 선입견이 전혀 없을 때만 이루어질 수 있습니다. 자신이 원하는 것이 무엇인지를 정말로 혼자 힘으로 발견하려는 의지, 이것이 바로 제가 말하는 정직함입니다. 그리고 만약 어떤 사람이 스스로 관찰하며 이 탐구를 계속 해 나간다면, 자신이 정말로, 정말로 원하는 것이 무엇인지를 들여다본다면, 그러한 탐구는 그들을 하나 된 자리로 훨씬 잘 데려갈 수 있습니다. 그것은 그들을 자연스럽게 그곳으로 데려갑니다.

그리고 제가 볼 때는 이 길이 훈련을 통해 하나 된 자리에 도달하려고 애쓰는 것보다 훨씬 나은 방법입니다. 왜냐하면 사람들은 그런 식의 가르침, 즉 다른 무엇보다도 깨어남을 더 많이 원해야 한다는 말을 듣는데, 그것은 맞는 말이긴 하지만, 깨어남을 더 많이 원하는 척 가장할 수도 없고 억지로 더 많이 원할 수도 없기 때문입니다. 자기 감정의 레이더를 속일 수는 없기 때문입니다. 그런데도 많은 사람들이 사실상 그렇게 하고 있는 것 같습니다. 그들은 그런 가르침을 듣고는, 그들이 아직 있지 않은 곳에 이미 있는 척 가장합니다.

저는 완전히 다른 방식으로 가르칩니다. 만약 사람들이 자기의 내면을 깊이 들여다볼 수만 있다면, 자신이 사실은 참된 진실을 원한다는 것을 발견할 것이기 때문입니다. 그들이 자기의 내면을 충분히 깊이 들여다본다면, 그들이 발견하는 것은 바로 그것입니다. 왜냐하면 그것은 그들 존재의 밑바탕이기 때문입니다. 그것은 그들 에고의 핵심이기도 합니다. 에고

조차도 가장 깊은 내면에서는 진실을 원합니다.

**타미** 에고의 핵심은 진실을 원한다는 말이 무슨 뜻인가요? 저의 에고는 명성이나 권력, 돈, 지배력 같은 것들을 원하는 것 같은데요.

**아디야** 그렇습니다. 에고는 그 모든 것을 원합니다. 하지만 그 모든 것은 사실 표면적인 것들입니다. 표면적인 욕구, 표면적인 욕망들이죠. 물론 에고들은 그런 것들을 원합니다. 에고들은 그것을 원하지만, 만약 당신이 에고적 자아 속으로 충분히 깊이 들어간다면, 에고의 핵심 속으로 깊이 들어간다면, 당신은 실제로 진실을 만날 것입니다. 신성(神性)을 만날 것입니다. 에고의 핵심 속에 신성의 불꽃이 있기 때문이죠.

그것이 제가 흔히 에고에게 많은 여유를 주는 이유입니다. 사람들은 제게 말합니다. "저는 진실을 원하는 것 같지 않아요. 저는 이것을 하고 싶어 하거나 저것을 갖고 싶어 합니다." 그러면 저는 말합니다. "가서 그렇게 하세요." 어떤 사람에게 "당신은 원하는 것을 할 수 있고, 원하는 것을 원할 수 있습니다. 그렇게 하세요. 저는 상관하지 않습니다. 신도 상관하지 않습니다. 아무도 그러면 안 된다고 생각하지 않습니다. 온 우주에서 아무도 그렇게 생각하지 않습니다. 오직 당신이 원하는 것을 원하는 건 잘못이라고 생각하는 '생각'만이 그렇게 생각할 뿐입니다. 그러니 이제 원하는 대로 하세요."라고 말하는 순간, 놀라운 일이 일어납니다. 어떤 사람을 전적으로 허용할 때면 신비롭게도 때때로 어떤 깊은 것이 드러나게 됩니다. 문득 그들은 느끼게 됩니다. "이제 내가 원하는 것은 무엇이든 원할 수 있다는 것을 실제로 느끼게 되니까, 그동안 내가 원한다고 생각했던 것들은 내가 정말로 원하는 것이 아닌 것 같아. 이제 무엇이든지 원해도 된다는 허락을 받으니까, 우주와 신과 스승과 신성과 모든 것이 그래도 된다고 하니까, 내가 진실로 원한 것이 그것이었는지도 잘 모르겠어."

왜냐하면 에고의 이러한 수많은 표면적인 욕구들은 그것들을 원하면 안 된다는 느낌에 의해 갇혀 있기 때문입니다. 그것은 사춘기 아이들과 아주 비슷합니다. 사춘기 아이들은 엄마와 아빠가 오렌지색 머리를 보고 기겁할 때는 그런 색으로 머리를 물들이고 싶어 합니다. 하지만 엄마와 아빠가 오렌지색 머리를 전적으로 허용한다면, 더 이상 머리를 오렌지색으로 염색하려 하지 않을 것입니다. 그렇지 않을까요? 더 이상 특별할 것도 없고 매력도 느껴지지 않으니까요. 하지만 그렇게 해도 괜찮다는 것을 알게 되기 전에는 그렇게 염색하는 것이 아

135

마 세상에서 가장 중요한 일 중 하나일 겁니다.

저의 접근 방법은 일반적으로 영성을 가르치는 방법과 정반대라는 것을 알고 있습니다. 저의 접근 방법은 사람들이 그들 자신의 본래 모습과 정말로 연결되도록 돕는 것입니다. 왜냐하면 진정한 영적 발견들이 이루어질 수 있는 것은 오직 사람들이 자기의 본래 모습과 접촉할 때뿐이기 때문입니다. 만약 사람들이 '······해야 한다'와 '······하면 안 된다'는 식의 생각에 갇혀 있다면, 그들은 거기에 도달할 수 없습니다.

**타미** 가끔 사람들이 자기의 진정한 본성은 알아차림 자체라고 얘기하는 말을 듣는데, 그런 말이 실제로는 영적 우회(또는 회피)에 지나지 않는 공허한 미사여구처럼 들리기도 합니다. 이런 사람은 분노나 신경쇠약으로 속을 끓이고 있으면서도 마치 탐구가 무엇으로 인도하는지 아는 것처럼 떠들어 대는 것 같습니다.

**아디야** 그것이 바로 제가 사람들에게 명상을 하도록 권유하는 이유 가운데 하나입니다. 저는 명상을 진실의 시간이라고 생각합니다. 일정한 시간 동안 고요히 앉아 있다 보면, 머지않아 진실을 부정하는 태도가 허물어지기 시작합니다. 왜냐하면 그 자리에 계속 앉아 있으면서 실제 일어나는 일에 대해 자신

136

에게 거짓을 말하는 것이 너무나 고통스러워지기 때문입니다. 수련회를 하다 보면 조만간 사람들은 다가와서, 그들이 항상 지니고 있던 두려움이나, 그들이 결코 살펴보지 않았던 해결되지 않은 문제들, 또는 20년 전에 일어난 어떤 일 때문에 여전히 분노하고 있다는 사실에 대해 얘기하기 시작합니다. 그저 고요히 앉아 있는 것만으로 충분합니다. 그러면 머지않아 사람들은 허물어지기 시작합니다. 그것이 바로 제가 탐구와 함께 명상을 가르치는 이유 중 하나입니다. 만약 사람들이 자기의 진정한 본성으로 깨어났다고 생각하면서도 고요하게 가만히 앉아 있지 못한다면, 그들은 그들이 생각하는 것만큼의 절반도 깨어난 것이 아닙니다. 명상은 진실을 드러나게 해 주는 오븐과 같습니다.

저는 가끔 사람들에게 말합니다. 제가 그들에게 명상을 하도록 시키는 것은 단순히 명상에 능숙해지도록 하기 위해서만은 아니라고……. 명상을 하면서 아무 조작도 하지 않으면— 이것은 물론 수많은 명상가들에게는 새로운 것인데—, 그러면 자연스럽게 마음의 짐이 내려지게 되며, 진실 그 자체가 저절로 드러날 수 있습니다. 이때 내려지는 것은 흔히 사람들이 그들의 영성을 이용하여 억눌렀던, 수많은 억압된 것들입니다.

가만히 앉아서 조작하지만 않으면, 당신은 볼 필요가 있는 것들을 보기 시작하고, 경험할 필요가 있는 것들을 경험하기 시작합니다. 단지 당신에게 경험되기 위해서 30년 동안 그 자리에서 기다리고 있던 오래전의 경험들이 떠오를 수 있습니다. 그것들은 반드시 이해되거나 분석되기 위해서가 아니라, 의식하지 못한 채 넘어가지 않고 단지 경험되기 위해서 떠오릅니다. 그동안 제가 발견한 사실은, 이렇게 자연스럽게 마음의 짐이 내려지는 일이 일어나면, 사람들은 더욱 깊이 들어가는 데 필요한 에너지를 얻는다는 것입니다.

**타미** 당신은 깨어남― '정체성이 개인성을 벗어나 알아차림 자체로 근본적으로 전환되는 것' 이라고 정의되는―은 사실 그렇게 드문 것이 아니라고 말합니다. 그리고 깨어남이 드문 것이라는 이러한 믿음이 사실은 깨어남에 실제적인 장애라고 말합니다. 당신은 깨어남이 드문 것이라고 생각하지 않으십니까?

**아디야** 드물다고 생각하지 않습니다.

**타미** 이러한 믿음은 왜 장애가 됩니까?

**아디야** 왜냐하면 우리 대부분은 우리가 선택받은 사람이 아니라고 느끼기 때문입니다. 우리 대부분은 깨어남의 길을 걷기 시작할 때 자신을 아주 평범한 사람이라고 생각합니다. 당신이 만약 깨어남은 오로지 매우 비범한 사람들만의 몫이라는, 이런 무의식적이거나 의식적인 믿음을 가지고 있다면, 그것은 우리의 자신감을 완전히 부정합니다. 이런 생각이 아마도 깨어남을 가로막는 가장 강력한 장애물일 것입니다. 우리가 전해들은 깨어난 사람들의 사례는 이런 믿음을 조장합니다. 우리는 깨어난 존재에 대한 이미지들을 가지고 있습니다. 그들은 후광에 휩싸여 있고 긴 머리를 하고 있으며 늘어뜨린 법의를 입고 있습니다. 그리고 만약 그들이 삶에서 무언가를 하고 있다면, 그들은 항상 가르치고 있으며, 늘 제자들을 거느리고 있고, 그들의 발치에는 언제나 따르는 사람들이 있습니다.

이러한 이미지들이 있습니다만, 사실은 그렇지 않습니다. 깨달음은 당신의 할머니나 식료품 가게 주인처럼 보일 수도 있는데, 우리의 마음은 이 점을 잘 이해하지 못합니다. 깨달음은 전혀 특별해 보일 필요가 없습니다. 어떤 깨달은 존재들은 강한 카리스마가 있습니다. 하지만 어떤 깨닫지 못한 존재들도 강한 카리스마가 있습니다. 이러한 이미지들은 정말로 방해가 됩니다. 깨어나는 것은 비범해지는 것이 아닙니다. 그것은 오히려 평범해지는 것입니다. 그것은 진실로, 진실로 있는 그대로의 우리 자신이 되는 것입니다.

**타미** 어떤 사람들이 깨어남은 드문 것이라고 믿는 이유 가운데 하나는, 그들이 이십 년이나 삼십 년 동안 명상을 했지만, 당신이 스스로 묘사하는 것과 같은 획기적인 발견을 하지 못했기 때문인 것 같습니다. 그래서 그들에게는 어떤 언짢음이나 냉소, 그리고 깨달음은 오로지 극소수 몇몇에게만 해당한다는 믿음이 있습니다. 만약 그렇지 않으면, 그들은 자신에게 어떤 점이 잘못되었거나 그들이 어떤 면에서 실패자라고 믿어야만 하기 때문입니다.

**아디야** 그럴 수도 있겠죠.

**타미** 아니면 그들이 따르고 있는 길이 효과가 없다고 믿어야 하거나.

**아디야** 아! 그것은 훨씬 더 위협적인 생각이군요. 물론 저는 그것이 바로 저 자신의 깨어남에 기여한 것이라고 생각합니다만. 저는 수행의 길에 문제가 있다고 본 것이 아니라, 수행의 길과 저의 관계에 문제가 있다고 보았습니다. 그런 이유로 저는 특정한 수행의 길에 너무 집착하지 말고, 스스로 질문해 보고, 좀 더 마음을 열도록 권유합니다. 질문하는 것을 두려워하지 마세요. 자기 자신을 살펴보고, 무엇이 효과가 없었는지를 보십시오. 그리고 만약 어떤 길이 효과가 없다면 바꿔 보고 새로운 것을 시도해 볼 수 있는 용기를 가지십시오. 순수한 눈으로, 아주 순수하고 아주 열린 눈으로 바라보십시오. 그 순수함은 늘 여기에 있습니다. 그것은 경이로움을 느끼는 마음입니다.

## 아디야샨티에 대하여

아디야샨티는 자유와 평화를 추구하는 모든 구도자들에게 자신도 이번 생애에서 해탈할 수 있다는 가능성을 진지하게 받아들여 보도록 촉구한다. 그는 14년간 함께 공부한 선(禪) 스승의 요청으로 1996년부터 사람들을 가르치기 시작했다. 그 이후로 수많은 구도자들이 그와 함께 지내면서 자기의 참된 본성을 깨닫게 되었다.

《춤추는 공》,《완전한 깨달음》,《깨어남에서 깨달음까지》 등 여러 책의 저자인 아디야샨티는 중국 선종 초기의 조사(祖師)·선사(禪師)들, 인도 아드바이타 베단타(Advaita Vedanta) 성자들의 가르침에 비견되는 자연스러우면서 직접적인 비이원론적 가르침을 전한다. 그렇지만 아디야샨티는 말한다. "만약 저의 말들을 어떤 전통이나 '주의(-ism)'를 통해 걸러서 받아들인다면, 당신은 제가 말하고 있는 것을 완전히 놓치게 될 것입니다. 우리를 자유롭게 하는 진리는 정적(靜的)인 것이 아니라 살아 움직이는 것입니다. 그것은 개념들로 표현할 수도 없고 생각으로 이해할 수도 없습니다. 진리는 모든 형태의 개념적인 근본주의 너머에 있습니다. 당신 자신이 바로 그 너머입니다. 깨어 있고 현존하는, 이미 지금 여기에서. 저는 단지 당신이 그 진실을 깨닫도록 도울 뿐입니다."

북부 캘리포니아 토박이인 아디야샨티는 아내 묵티와 함께 샌프란시스코에 살고 있으며, 샌프란시스코 만 지역에서 정기 모임과 주말 집중 수련회, 침묵 수련회 등을 통해 가르침을 펴고 있다. 또한 미국의 다른 지역들과 캐나다, 유럽도 여행하면서 널리 가르침을 전하고 있다. 더 자세한 정보는 인터넷 홈페이지(www.adyashanti.org)를 방문하기 바란다.

❖

역자 후기

아디야샨티는 새로우면서도 전혀 새롭지 않은 하나의 전통
이다. 그는 선(禪)의 씨앗이 인도에서 중국으로, 그리고 한국
과 일본을 거쳐, 서구의 새로운 땅에서 싹터 피어난 향기로운
한 송이 꽃이다. 그에게서는 그 어떠한 격식과 같은 전통의 무
거움이 보이지 않는다. 신선하고 활발발(活潑潑)하며, 무엇보다
자연스럽다. 그렇다, 자연스럽다. 어느새 한국과 일본의 선에
서는 자취를 찾아보기가 힘들어진 자연스러움, 그 눈부신 일
상성을 그의 가르침에서 낯설게 확인한다. 그것이 그가 새롭
고 신선하게 느껴지는 이유이다.

짧은 가르침이지만 아디야샨티의 말에 귀를 기울이다 보면,
마음공부에 대해 우리도 모르게 가지고 있던 많은 선입견과

오해를 되돌아보게 된다. 깨달음은 힘들고 오랜 수행을 거쳐야 얻을 수 있는 것이라거나, 보통 사람들로서는 접근하기 힘든 경지라거나, 깨달음을 얻게 되면 자질구레한 일상을 초월하여 영원한 지복 속에 머물 것이라는 것과 같은 것들 말이다. 이 푸른 눈의 미국 선사는 "할!"을 외치거나, 주장자로 때리지 않으면서도 우리들의 헛된 망상들을 하나하나 부수어 준다. 물질적 환경은 날이 갈수록 스마트해지고 있는데, 마음공부와 관련된 영역에서만큼은 여전히 무협지 수준을 벗어나지 못한 우리 정신세계에 이 부드럽지만 날카로운 가르침이 많은 사람들의 깊은 잠을 깨우는 각성제 역할을 하기 바란다.

영혼의 깊은 잠에 빠져 있던 나를 일깨워 주셨던 고(故) 훈산 박홍영 거사님과 무심선원의 김태완 선생님, 아버지처럼 자상한 스승이신 대덕사 춘식 큰스님과 영원한 나의 선지식이자 길동무인 아내 순희에게도 감사의 인사를 전한다. 그리고 이 천학비재(淺學非才)에게 이 책의 번역을 맡긴 침묵의 향기 김윤 사장님의 무모함에 제대로 보답을 해 드린 것 같지 않아 송구스럽다.

마지막으로 뭔가 실용적이고 구체적인 명상의 비법을 찾아 이 책을 읽었을지도 모를 일부 독자 여러분께 행여나 실망을 드렸다면 그것이야말로 진정 다행이다. 진짜 명상은 명상을 하는 게 아니기 때문이다.


2016년 3월
부산 금정산 계명봉 아래에서

몽지 심성일 합장

아디야샨티의
## 참된 명상

초판 1쇄 발행일 2016년 4월 25일
　　6쇄 발행일 2023년 4월 20일

지은이 아디야샨티
옮긴이 심성일

펴낸이 김윤
펴낸곳 침묵의 향기
출판등록 2000년 8월 30일, 제1-2836호
주소 10401 경기도 고양시 일산동구 무궁화로 8-28,
　　삼성메르헨하우스 913호
전화 031) 905-9425
팩스 031) 629-5429
전자우편 chimmukbooks@naver.com
블로그 http://blog.naver.com/chimmukbooks

ISBN 978-89-89590-57-6 03220

* 책값은 뒤표지에 있습니다.